毛糸を巻いてつくる
表情ゆたかな動物

犬ぽんぽん

trikotri

誠文堂新光社

はじめに

まあるくてふかふかで、触れるとほんのりあたたかい、毛糸のぽんぽん。
どんなふうにできるかな、と想像をふくらませて糸を巻いて
ぽん！と現れるさまには、まさに「生まれる」という表現がぴったりな気がします。
そういえば、ちいさなこどものおなかのことも、ぽんぽんと呼んだりしますね。

ごはんを食べて満足したときの腹つづみも、ぽんぽん。
フランス語ではりんごのことを"pomme"というそうですし、
英語ではポメラニアンのことを"pom"とも呼ぶそうです。

とにかくまるくてかわいくて、楽しみでいとおしい。
やわらかくて美味しくて、あたたかい。
「ぽんぽん」という響きや手ざわりは、わたしにとって
そんなイメージの集積であったりします。

毛糸のぽんぽんはこどもの頃、家にある余り毛糸を厚紙に巻いて
作ったことがある、という人もきっと多いはず。

緻密に糸を巻いていく作業や、顔のパーツを作って組み立てる作業は、
その頃のものよりも少しだけ手間と時間がかかるかもしれませんが、
ある時、ぽん！と生まれて、ワン！と鳴いたときの
なんとも言えないとおしさと言ったら！

作り方のコツがわかってきたら、アレンジを加えてぜひ
うちの子やお友達の家のあの子も、作ってみてください。

ひと手間加えることでぐっと楽しみが増す、手作りの魅力。
何かをいとおしいな、と感じた時の満ちたりた気持ち。

作りながら、そんなことも感じていただけたらとても嬉しいです。

trikotri

はじめに	02	
プロローグ	04	

		HOW TO MAKE
柴犬（赤毛）	08	41
柴犬（白毛・黒毛）	09	56
ポメラニアン	10	62
トイ・プードル	11	59
（クリーム・シルバー）		
チワワ（ブラック・クリーム）	12	64
フレンチ・ブルドッグ	14	66
シー・ズー	15	68
狆	15	70
ミニチュア・ダックスフンド	16	72
ウェルシュ・コーギー	17	73
ビーグル	20	74
秋田犬	21	58
ミニチュア・ピンシャー	22	75
ヨークシャー・テリア	23	76
ミニチュア・シュナウザー	23	77

		HOW TO MAKE
パグ	24	80
ビション・フリーゼ	26	79
ブル・テリア	27	82
仔犬		
柴犬（赤毛・黒毛）	28	84
ポメラニアン	28	85
ゴールデン・レトリーバー	28	85
ダルメシアン	30	88
ラブラドール・レトリーバー	31	90
（イエロー・ブラック）		
ゴールデン・レトリーバー	32	92
セント・バーナード	32	94
シベリアン・ハスキー	33	87
用意するもの	35	
ぽんぽんの作り方	38	
作り方ページの見方	40	
犬ぽんぽんの作り方	41	
型紙	巻末	

柴犬（赤毛）

濃淡のベージュの糸を使って、こんがりと焼けたパンのような柴犬の毛色を表現しました。犬ぽんぽん作りの基本が詰まっています。

HOW TO MAKE > P.41

柴犬〈白毛・黒毛〉 ふかふかの白毛にピンクの鼻がチャームポイントの白柴。きりっと凛々しい顔をした黒柴。はさみの先で毛並みを整えながら仕上げましょう。
HOW TO MAKE > P.56

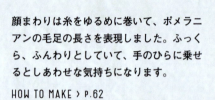

ポメラニアン

顔まわりは糸をゆるめに巻いて、ポメラニアンの毛足の長さを表現しました。ふっくら、ふんわりとしていて、手のひらに乗せるとしあわせな気持ちになります。

HOW TO MAKE > P.62

ふわふわと柔らかい質感の糸を使った
ベアカットとモヒカンカットの2匹。
カットの仕方や耳の糸の量を変えてい
ろいろな子を作ってみてください。
HOW TO MAKE > P.59

トイ・プードル（クリーム・シルバー）

チワワ（ブラック・クリーム）

ブラック・タンの方は、顔まわりの糸をゆるく巻いてロングコートにしました。糸の色や目のパーツを変えたりして、アレンジも楽しんでみてください。
HOW TO MAKE > P.64

フレンチ・ブルドッグ

個性的な四角い顔立ちは、最初におおまかな形を作ってからおでこのへこみやシワ、まぶたなどだんだんと細部を作りこんでいきます。

HOW TO MAKE > P.66

シー・ズー

顔のカットや耳の長さなど、アレンジ次第でいろいろな雰囲気の子ができそうです。あとから糸をニードルで足して毛足を長くしても。

HOW TO MAKE ＞ P.68

狆

白と黒の糸の分量を変えてみたり目のパーツの向きでも色々な表情が楽しめるので、少し性格の違う兄弟を作ってあげても。

HOW TO MAKE ＞ P.70

ミニチュア・ダックスフンド

ひとつのぽんぽんから、マズル部分を長めに残して刈り込むことで形を作りました。くりりとした瞳をまぶたで囲むと、たちまち生き生きとした表情に。
HOW TO MAKE > P.72

ウェルシュ・コーギー

ぴんとした立ち耳に、つぶらな瞳。たくましく勇敢な一面もあって、牛や羊を追う牧畜犬として活躍していたそうです。首元の毛はふわふわに残しました。

HOW TO MAKE > P.73

ビーグル

マズルを残して全体を短く刈り込むことで、短毛で筋肉質なビーグルの質感に近づけました。ブラウンの目を囲んだアイラインも、そっくりに仕上げるコツです。

HOW TO MAKE > P.74

秋田犬　柴犬の毛色とよく似ていますが、顔のパーツをやや中心よりにつけることで、秋田犬らしい顔立ちになります。つぶらな瞳の上のちょこんとしたまゆげもポイントです。

HOW TO MAKE > P.58

21

ミニチュア・ピンシャー

引きしまったスリムな顔立ちとぴんと立った大きな耳がポイントです。「脱走の芸術家(Escape Artist)」と呼ばれるほどやんちゃで好奇心旺盛な一面もあるそう。

HOW TO MAKE > P.75

ヨークシャー・テリア

鼻のまわりのふわふわ感を出すため、仕上げに別糸を刺し足しました。成長とともに変化していく美しい毛色から「動く宝石」と呼ばれることも。
HOW TO MAKE > P.76

ミニチュア・シュナウザー

シュナウザーの名前は、ドイツ語の「Schnauz＝口髭」から来ているそうです。口のまわりの糸をたっぷりと巻いてボリュームを出しました。
HOW TO MAKE > P.77

23

パグ
くしゃっとした愛嬌たっぷりの顔。
はじめに大まかにカットして形を
作ってから、細部を作りこみます。
HOW TO MAKE > P.80

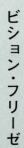
ビション・フリーゼ

ふわっと柔らかい糸でぽんぽんを作ったら、少し手を加えるだけで表情が見えてきます。耳は、まあるくカットされた毛の中に隠れている、という設定です。
HOW TO MAKE > P.79

ブ
ル
・
テ
リ
ア

どこかユーモラスなおとぼけ顔と
裏腹に、鋭敏でとても賢い一面も
あるそうです。ぶちの色や大きさ、
耳の色をアレンジしても。
HOW TO MAKE > P.82

仔犬
ゴールデン・レトリーバー、柴犬（赤毛・黒毛）、ポメラニアン

全員そろっても手のひらに乗るくらいの、ちいさなちいさな仔犬たち。笑った顔も、怒った顔も、すまし顔も、ちょっと情けない顔も。出会うのを楽しみに夢中で作ったら、かわいくないはずなどないのです。

HOW TO MAKE > P.84

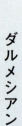

ぶちの大きさや数を変えてみたり、耳の色を白地にしたり。兄弟、親戚など、柄ちがいの仲間を増やしたくなります。

HOW TO MAKE > P.88

ラブラドール・レトリーバー（イエロー・ブラック）

おだやかで人懐っこそうな眼差し。好奇心旺盛で、やんちゃな一面もあるそうです。少しだけ白目を入れてあげると、なにかもの言いたげな表情に。
HOW TO MAKE > P.90

ゴールデン・レトリーバー

長い金色の被毛に、フレンドリーでやさしそうな顔。大きな舌を出して笑いかけてくれているみたいです。
HOW TO MAKE > P.92

セント・バーナード

大きな垂れ耳に、下がった目尻がポイントです。アルプスの雪山で、遭難者を助ける救助犬として活躍していたそう。
HOW TO MAKE > P.94

シベリアン・ハスキー

端正な顔立ちと、宝石のようなブルーの瞳が印象的。くっきりとしたアイラインもポイントです。
HOW TO MAKE > P.87

◯ 用意するもの

◎ 用具と材料　　この本で使用している材料と用具です。各作品の詳しい材料はp.41〜の作り方ページに記載しています。

❶ スーパーポンポンメーカー
ポンポンメーカーを使うと、簡単にきれいなぼんぼんを作ることができます。作りたい大きさに合わせてそれぞれのサイズを使い分けます。（右上：65mm、左下：45mm／クロバー）

❷ 毛糸
ポンポンメーカーに巻いて、犬ぼんぼんのベースとなるぼんぼんを作ります。p.36参照。

❸ 羊毛
フェルティングニードルで刺して、犬ぼんぼんの耳や鼻、口、などを作ります。p.37参照。

❹ たこ糸
ぼんぼんの中心を結ぶために使用します。5〜6号程度の太さのものがおすすめです。約40cmほどの長さにカットして使います。

❺ レース糸
#18〜20相当のものを使用。耳を連結させる際や、仔犬の中心を結ぶ際に使用します。3〜4号程度の細口のたこ糸でも可。

❻ はさみ
手芸用やパッチワーク用の刃先が鋭く切れ味の良いものを選びましょう。ソリ刃タイプがあると細かなくぼみをつける際にさらに便利です。（左：カットワークはさみ115、右：カットワークはさみソリ刃115／クロバー）

❼ 手芸用ボンド
ぼんぼんの結び目につけて補強したり、目や鼻などのパーツを接着させる際に使用します。木工用でも可。

❽ 布用スタンプインク
羊毛で作った耳に色付けをする際に使用しています。（バーサクラフトS／ツキネコ）

❾ 厚紙
糸を巻いて耳を作る際に使用します。目盛りの入った工作用紙が便利です。

❿ まち針
ぼんぼんをカットして顔の形を作っていく際、頭頂部に刺して目印にします。

⓫ 毛糸用とじ針
本体と耳を連結させる際に使用します。連結用のたこ糸やレース糸が針穴に通る太さのものを選びます。

⓬ つまようじ
目や鼻のパーツにボンドを塗る時などに使用します。

⓭ フェルティングニードル
羊毛を刺して耳や鼻を作る際に使います。また毛糸同士を刺しつなげたり固めたり、さまざまな工程で使用しています。レギュラー針があれば、ニードルを使用する全ての工程をまかなうことができますが、スピード針を併用することによって、より効率よく作業ができます。
＊本書ではニードルと省略。
（左：レギュラー針、右：スピード針／クロバー）

⓮ フェルティングマット
フェルティングニードルを使って羊毛を刺し固める際に、下敷きとして使用します。

◎ 糸

この本では、さまざまな犬の毛色や質感、模様を表現するために色のバリエーションが豊富なウール100％の糸を使用しています。

iroiro

- 1　オフホワイト
- 2　マッシュルーム
- 3　ハニーベージュ
- 4　きなこ
- 5　ピーナッツバター
- 6　チャイ
- 7　ナツメグ
- 8　レンガ
- 9　サンドベージュ
- 10　シャム猫
- 11　ブラウニー
- 40　桜
- 47　黒
- 48　ダークグレー
- 49　グレー
- 50　ライトグレー

原毛に近いメリノウール

- 1　きなり
- 2　ベージュ
- 8　ライトグレー

本書の作品はDARUMAの糸を使用しています。
糸の問い合わせは下記へ。

横田株式会社・DARUMA

〒541-0058
大阪市中央区南久宝寺町2-5-14
TEL. 06-6251-2183
http://www.daruma-ito.co.jp/

◎ **羊毛** フェルティングニードルで刺して、犬ぽんぽんの耳や鼻、口、などを作ります。

◎ **目・鼻** 色やサイズなど、さまざまな種類のものが市販されています。好みの表情になるよう、パーツを変えてアレンジしても。

フェルト羊毛（ハマナカ）
- 1 白
- 9 黒
- 22 薄ピンク
- 29 クリーム
- 31 焦茶
- 802 薄ベージュ
- 803 キャメル
- 805 杢グレー

パフウール（クロバー）
- 72-838 カメオローズ
- 72-890 カラメル
- 72-893 シナモンベージュ
- 72-894 グレージュ
- 72-897 グレイ

さし目
- 黒 5mm
- 黒 6mm
- 黒 8mm

クリスタルアイ（ハマナカ）
- ブラウン6mm H220-106-2
- ブラウン7.5mm H220-107-2
- クリスタルブルー 6mm H220-106-18
- クリスタルブラウン 6mm H220-106-17

コミックアイ（ハマナカ）
- ブラック9mm H220-409

プラスチックアイ（ハマナカ）
- ダークブラウン9mm H430-307-9

ドッグノーズ（ハマナカ）
- ブラック 幅10mm H220-910-1
- ブラウン 幅10mm H220-910-2

ぽんぽんの作り方

糸の巻き始めや巻き終わりの始末、たこ糸の結び方など、ぽんぽん作りの基本や注意点を紹介します。色の出方がわかりやすいよう、2色の糸を使用しています。

1 ポンポンメーカーのアームを2本そろえて開き、糸端を親指で押さえながら、アームに糸を巻きつけていきます。糸端に重ねながら3〜4回巻いたら親指を離します。糸はピンと引きしめながら巻きましょう。

2 右端から左に向かい、少しずつずらしながら糸を巻きます。時々アームの内側の糸をつめながら放射状に巻いていきます。65mmのポンポンメーカーに、iroiro（中細）の糸を使用する場合、この本では、アームの端から端までで60回巻いています。

3 左端まで巻けたら今度は左から右へ向かって巻きます。これを何層もくり返します（この本では8〜10層巻いています）。

4 巻き終わりは、人差し指にひと巻きし、4〜5cm残してカットします。糸端をわの中にくぐらせて引きしめ、アームから1cmくらいのところでカットします。途中で糸の色を変える場合も同様に巻き終わりの始末をします。

6 指定回数を巻き終えたら、アームを閉じます。反対側も同様に巻きます。

7 アームとアームの間にはさみの刃先を入れ、糸をカットします。厚みがあって切りにくい場合は、刃先を使って少しずつ切っていきます。一周ぐるりとカットします。

巻く回数が多い時

糸を巻く回数が多い時は糸を2本どりにすれば、半分の回数で済みます。ひとつの糸玉でも外側と内側の糸端をそろえて持てば2本どりができます。

色を混ぜて巻く

2色以上の糸をそろえて巻くとミックス色のぽんぽんができます。

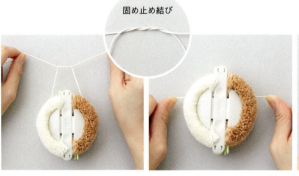

8 糸をカットしてできた隙間にたこ糸をわたし、2回からめて強く引きしめて結びます(固め止め結び)。結び位置についての説明はp.43参照。

9 反対側にたこ糸をわたし、こちら側でも2回からめて強く引きしめて結びます(固め止め結び)。

10 同じ位置で、もうひと結びします。この時、9の固め止め結びとは逆向きに糸をからめることで、強力な結び目ができます。

11 すべてのアームを開き、ぽんぽんを取り出します。

12 手のひらで転がすと、球状になります。

13 たこ糸の結び目にボンドをつけて補強します。

14 飛び出している糸を切り、全体の形を整えます。

糸の保存の仕方

糸のパッケージの色番号部分を切り取り、20cmほどの同色の糸でタグを作っておくと便利です。木製クリップで、使いかけの糸玉と一緒にはさんでおくと色番号がすぐにわかります。また、少なくなった糸は、写真のように木製クリップに巻きつけておくと最後まで無駄なく使うことができます。

作り方ページの見方

p.41、p.56以降のページの見方です。

作品を掲載しているページです。

使用糸やその他の材料の詳細はp.36-37を参照してください。糸の（　）内の〇は、巻き図中の色と対応しています。数字は色番号です。作品ページの写真で舌やあごのついている作品には、＊にそれらの材料を記載しています。

秋田犬

→p.21

● サイズ（概寸）
…縦70mm×横65mm×厚み68mm
● ポンポンメーカー…65mm

作品のおおよそのできあがりサイズと使用するポンポンメーカーのサイズです。

材料

本体	：	iroiro（〇1）（●3）（●4）（●5）（●49）
耳の土台	：	iroiro（●4）
耳の内側	：	羊毛（白）…少量
目	：	さし目（黒・6mm）…2個
アイライン	：	羊毛（黒）…少量
まゆげ	：	iroiro（●49）…5cm×2本
鼻	：	羊毛（黒）…少量
鼻〜口のライン	：	羊毛（黒）…少量

巻き図

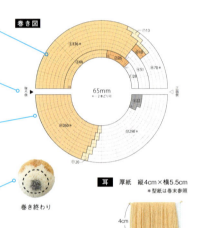

どの糸をどの位置に、それぞれ何回巻くかを示しています。①②③…は巻く順番、その後の数字は巻く回数です。図中の1マス＝糸を1回巻くことを表しています（目安）。

たこ糸を結ぶ位置です。

下半分のアームに糸を巻くときは、前後逆にならないよう、巻き図を上下逆さにして向きを確認しましょう。

巻き終わり

顔の形にカットする前のぽんぽんを、正面側から見た状態です。ポンポンメーカーから取り出したら、この写真を参考に、模様やぽんぽんの形を整えてから次の工程に移りましょう。点線部分は、マズルになる範囲を示しています。

耳　厚紙　縦4cm×横5.5cm
＊型紙は巻末参照

4cm
4.5cm

厚紙に糸を巻いて耳を作る場合の厚紙の大きさと糸を巻く範囲です。

カットの目安／耳の位置

正面　右　上　左　下

作り方

1　65mmのポンポンメーカーに①〜⑫の順に糸を巻いてぼんぼんを作る。⇒p.38-39、p.42-43参照

2　巻き終わりの写真の点線部分（マズル）の糸を、ニードルで中心に向けて刺してまとめる。⇒p.44参照

3　カットの目安を参考に、2でまとめたマズルのまわりやあご下の糸をカット、さらに色々な角度から見ながらカットして、顔の凹凸を作っていく。マズルをさらにニードルで刺し固め、カットして形を整える。⇒p.45参照

4　目をボンドで接着する。黒の羊毛で鼻を作り、ニードルで本体に刺しとめる。⇒p.46参照

5　黒の羊毛を少量とり、ニードルでアイラインと鼻〜口のラインを入れる。⇒p.47参照

6　耳を作る。●4の糸を、指定のサイズの厚紙に40回ゆるめに巻く。全体の幅が約3.8台になるまでニードルで刺しつなげてカットし、耳の土台を作る。白の羊毛を少量とり、ニードルで刺して薄いシート状にしてからカットし、土台の内側に刺しとめる。本体の耳のつけ位置に差し込み、ニードルで刺しつけて固定する。⇒p.48-49参照

7　●49の糸を5cm×2本用意し、それぞれの目頭に1本ずつ、中央部分をニードルで刺しつけ、余分をカットする@1-2。

参照するページを示しています。

@-1　@-2

参照する写真を示しています。

8　全体のバランスを見て、仕上げのカットをしたら完成。

色々な角度から見た作品の写真です。点線の丸は、カットする前のぽんぽんの輪郭を表しています。カットして形を作る際の参考にしてください。グレーの塗りは耳のシルエット、緑の線は耳のつけ根の位置を示しています。

犬ぽんぽんの作り方

p.35-39をふまえて、さっそく犬ぽんぽんを作ってみましょう。
代表的な柴犬の作り方で、作品作りの流れを説明します。

柴犬（赤毛）

→p.8

●サイズ（概寸）
…縦68mm×横65mm×厚み68mm
●ポンポンメーカー…65mm

材料

本体	: iroiro（○1）（●3）（●4）（●5）（●49）
耳の土台	: iroiro（●4）
耳の内側	: 羊毛（白）…少量
目	: さし目（黒・6mm）…2個
アイライン	: 羊毛（黒）…少量
鼻	: 羊毛（黒）…少量
鼻～口のライン	: 羊毛（黒）…少量

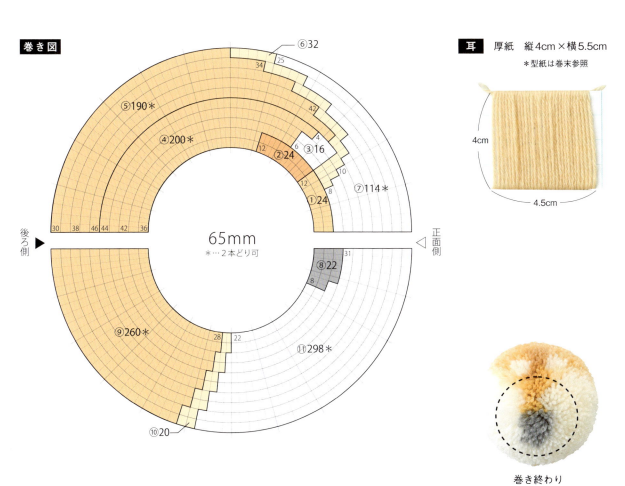

巻き図

耳　厚紙　縦4cm×横5.5cm
＊型紙は巻末参照

巻き終わり

土台のぽんぽんを作る

1 ぽんぽんの作り方（p.38参照）と同様の手順でポンポンメーカーに糸を巻きます。「＊2本取り可」の部分以外は、糸は1本取りで、左右に往復しながら層になるように巻いていきます。図中の1マス＝糸を1回巻くことを表しています。

①の部分
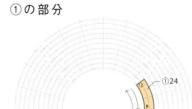

②の部分
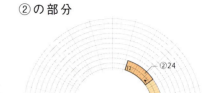

③の部分
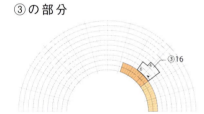

④の部分 ＊2本どり可
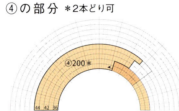

⑤の部分 ＊2本どり可
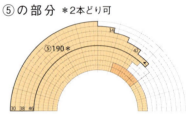

⑥の部分
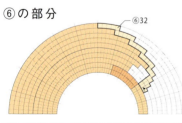

⑦の部分 ＊2本どり可
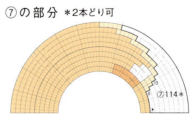

上半分を巻き終えたら、アームを閉じます。

⑧の部分
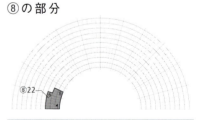

反対側のアームを開き、下半分を巻いていきます。

⑨の部分 *2本どり可　　⑩の部分　　⑪の部分 *2本どり可

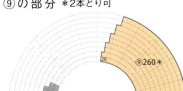
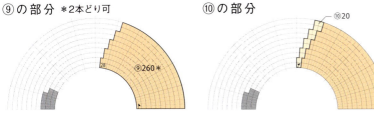
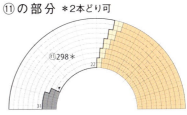

回数を多く巻く場合は、糸が崩れてこないように指で押さえながら巻きます。

すべて巻き終わりました。

2　アームとアームの間にはさみの刃先を入れ、糸をカットします。

3　p.39の8-10を参照して、たこ糸で結びます。最初に正面側で固め止め結び、次に後ろ側で固め止め結びをし、同じ位置で止め結び（逆）します。11-14を参照して仕上げます。
＊キーホルダーなど、ぶら下げるタイプに仕上げる場合はp.55を参照してください。

土台となるぽんぽんができました。

マズルを作る

顔の形を作っていきます。頭頂部にまち針を刺して目印にすると良いでしょう。

左の写真の点線部分（マズル）の糸を、フェルティングニードルでまわりから中心に向けて刺してまとめます。

全体をカットする

「カットの目安／耳のつけ位置」の写真を参考に、はさみで糸をカットして顔の凹凸を出します。

- ◯ カットする前のぽんぽんの形
- ● 耳の形
- ━ 耳のつけ位置

カットの目安／耳のつけ位置

正面

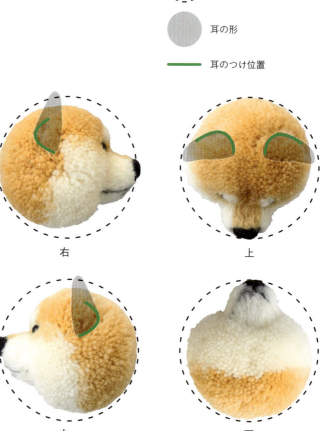

右　　上

左　　下

1　マズルのまわりの糸をカットします。

カットしたところ。正面

横から見たところ。

2　1でカットしてできた段差の角をとるように、はさみでカットして丸みを出します。あごの下もカットして短くします。

横から見たところ。色々な角度から見ながらカットして、顔の凹凸を作っていきます。

3　途中、はさみの先で糸を本来の位置に戻しながらカットします。

色のさかいめ部分の糸も、はさみの先でより分けるように整えながらカットします。マズルをさらにニードルで刺し固め、カットして形を整えます。

全体のカットが終わりました。

正面

右

目をつける

1 さし目パーツにボンドをつけます。差し込み部分が長い場合はニッパーで少しカットしてからボンドをつけます。

2 好みの位置にはめ込みます。

3 目がつきました。まち針をとります。

鼻をつける（羊毛の場合）

1 指定の色の羊毛を適量とります。

2 端からきつめに巻き、玉を作ります。最後の端を2cmほど残して丸めます。

3 丸めた部分をニードルで刺して固めます。ふわふわと出た羊毛の端はそのままにしておきます。

4 本体の鼻の位置に、ふわふわと出た羊毛の端を差しとめていきます。ある程度入ったら鼻のつけ根のきわを刺して固定します。さらに鼻全体もニードルで刺して形を整えます。

鼻がつきました。

正面

右

アイラインを入れる

羊毛の代わりに毛糸を使ってもOK。その場合は1本を2〜4本にさいて使います。

1 指定の羊毛を少量とり、目のまわりを囲むようにニードルで刺しつけ、アイラインを入れます。

2 向かって右側の目に、アイラインが入ったところ。

両目にアイラインが入りました。

鼻〜口のラインを入れる

1 指定の羊毛を少量とり、端を鼻の下に刺し込みます。

2 鼻下のラインを好みの長さまで刺し、はさみでカットします。

3 1と同じ羊毛を少量とり、口の端にくる場所に刺し込み、2の下を通り反対側の端まで刺します。余分な羊毛はカットします。

口がつきました。

正面　　　　　　右

耳を作る(毛糸の場合)

1 耳の土台を作ります。指定のサイズの厚紙を用意し、糸の巻き始めと巻き終わりの位置に3mmほどの切れ込みを入れておきます。切れ込みに糸端を引っかけてから、指定回数(ここでは40回)の糸を巻きます。糸はあまり引っ張らずにゆったりと巻いてください。

2 ニードル(レギュラー針)の針先を、厚紙に巻いた糸の横から刺し、隙間ができないように指で押さえながら左右に動かして刺しつなげます。左右両側から全体をまんべんなく刺し、幅がせまくなってきたら糸端を切れ込みから外して、全体が指定の幅(ここでは3.8cm)になるまで刺します。

3 上下をはさみでカットしてシートを2枚作り、それぞれを耳の型紙に合わせてカットします。耳の土台ができました。

4 耳の内側に色づけをします。指定の羊毛を少量ずつちぎったものを、繊維の向きが色々な方向に交わるように重ねてマットの上に置きます。

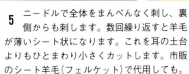

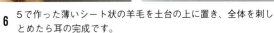
フェルケットをカットして使ってもOK。

5 ニードルで全体をまんべんなく刺し、裏側からも刺します。数回繰り返すと羊毛が薄いシート状になります。これを耳の土台よりもひとまわり小さくカットします。市販のシート羊毛(フェルケット)で代用しても。

6 5で作った薄いシート状の羊毛を土台の上に置き、全体を刺しとめたら耳の完成です。

7 本体の耳のつけ位置(p.44参照)の糸をかき分けて6の耳を差し込み、耳の表側、裏側の両方からニードルでしっかりと刺しつけます。

つけ根部分(☆)を裏側から前に向かって刺すと、刺した部分が前にくい込み、耳に自然なカーブがつきます。

耳がつきました。

仕上げのカットをする

はさみを細かく動かし、全体のバランスを見ながら仕上げのカットをします。眉間にくぼみをつけることで、より柴犬らしい表情になります。ソリ刃のはさみを使うと便利です。

ワン!

柴犬が完成しました。

パーツの作り方

柴犬に登場しなかった箇所の作り方を紹介します。

耳を作る（羊毛の場合）

1. 耳の型紙を用意します。指定の羊毛を少量ずつとり、型紙よりも大きめに、繊維の向きが交わるように置きます。

2. 外側にはみ出している羊毛の繊維を内側にしまうように、ニードルで刺して、作りたい耳の形に近づけていきます。下の根元部分のふわふわした繊維は刺さず、そのまま残しておきます。ある程度型紙の大きさに近づいてきたら、耳の輪郭部分をまわりから刺し、形を整えます。耳の土台が完成しました。

3. 耳の内側に色づけをする場合は、指定の羊毛を土台の半量くらいとり、少量ずつちぎったものを、繊維の向きが色々な方向に交わるように重ねてマットの上に置きます。ニードルで全体をまんべんなく刺し、裏側からも刺します。これを数回繰り返すと羊毛が薄いシート状になります。

4. 3で作った薄いシート状の羊毛を、耳の土台よりもひとまわり小さくカットします。これを土台の上に置き、全体を刺しとめたら完成です。市販のシート羊毛（フェルケット）で代用しても。

フェルケットを使っても。

垂れ耳をつける

垂れている耳は耳の向きを変えてニードルで刺します。

1. 耳のつけ根部分の片側を写真のように折りたたみ、折った方が裏面の後ろ側になるように本体にとりつけます。

2. 本体の耳のつけ位置に差し込み、ニードルでしっかりと刺しつけていきます。耳の表側、裏側の両方から刺してください。

3. 耳が根元近くで折れ曲がり、下に垂れるように、折り山部分をニードルで刺し固めます。

5 本体の耳のつけ位置に差し込み、耳の表側、裏側の両方からニードルでしっかりと刺しつけていきます。
つけ根部分（☆）を裏側から前に向かって刺すと、耳に自然なカーブがつきます。

片耳がつきました。もう片方の耳も同様の手順でつけます。

完成しました。

部分的に着色するときは…

布用のスタンプインクでポンポンとたたくように着色します。色がついたら、ティッシュやいらない布で耳をはさみ、中温のアイロンをあてて定着させます。

内側に薄い色を重ねる

ほんのりと色づけする場合は、耳の土台に直接羊毛を刺しつけます。

1 色づけ用の羊毛を少量とり、繊維の向きが色々な方向に交わるように重ねます。

2 耳の土台の上に1を置き、ニードルで全体をまんべんなく刺します。深く刺しすぎると、裏側に羊毛の繊維がたくさん飛び出してしまうので、ニードルで全体をトントンとたたくように軽く刺しましょう。

鼻をつける（ドッグノーズの場合）

1 つまようじで鼻をつける位置に穴をあけます。

2 ドッグノーズにボンドをつけ差し込みます。

目の位置や方向を変えて自分好みの顔に

〈さし目〉

目の位置によって、顔の印象が変わります。ボンドをつける前に仮差しして、位置を決めましょう。

◎マズルのすぐ上につけると…
本書掲載作品の顔

◎上の方につけると…
大人っぽい表情に

◎下の方につけると…
少し幼い表情に

〈コミックアイ〉

黒目の方向を変えて好みの顔を探してください。

◎外側に向けると…
本書掲載作品の顔

◎上に向けると…
見上げるような表情に

◎内側に向けると…
こちらを見つめるような表情に

まぶたをつける

1 指定の糸を15〜20cmほどとり、目のまわりを囲むようにニードルで刺しとめていきます。

2 1周したらさらにもう1周、2周と、好みの厚みになるまで3〜4周程度繰り返します。目頭と目尻部分はしっかりと刺します。

3 最後は目頭または目尻側で糸を切り、糸端はニードルで刺しとめます。

片方のまぶたができました。もう片方のまぶたも同様の手順でつけます。

まぶたと目のさかいめにアイラインを入れる

1 指定の羊毛を少量とり、まぶたと目のさかいめの際にニードルで刺しとめていきます。

2 まぶたに沿って、目のまわりを1周ぐるりと囲みます。

3 余った羊毛ははさみでカットします。もう片方の目にも同様の手順でアイラインを入れます。

舌・あごをつける

舌やあごをつける場合は、鼻の下がやや短くなるようにマズルの大きさを調整するとバランスよく仕上がります。

1 指定の糸を20〜30cmほどとり、あごの土台を作ります。写真のように中央から渦巻状に糸を丸めて型紙よりやや大きめにまとめ、ニードルで刺し固めます。輪郭部分もまわりから刺し、形を整えます。本体と近い色の羊毛を使用しても良いでしょう。

2 指定の糸や羊毛を使い、あごの内側と舌も同様に形作ります。

3 あごの土台の上に内側部分を乗せてニードルで刺しつけます。

4 口の位置に差し込み、ニードルで刺しつけます。

5 舌を差し込み、同様に刺しつけます。

6 あごの内側用の羊毛を少量とり、舌の上にも刺しつけます。

舌とあごがつきました。

舌パーツだけを作って刺しつける場合も手順は同様です。

犬ぽんぽんの楽しみ方

作ったぽんぽんを
いつも連れて歩きたいときの一工夫。
キーホルダー、ブローチ、
髪ゴムにしてみましょう。

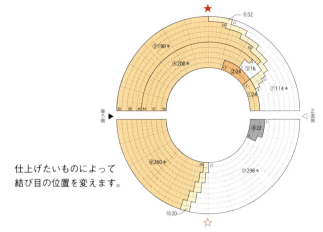

仕上げたいものによって
結び目の位置を変えます。

キーホルダー　　材料：二重カン、ボールチェーン

ポンポンメーカーに巻いてカットした糸をたこ糸で結ぶ際(p.43-3)、最初に上記巻き図の☆の位置で固め止め結びをします。次に反対側の★の位置で固め止め結びをした後、同じ位置で止め結び(逆)します。片方のたこ糸に二重カンを通し、止め結び(正)→止め結び(逆)の順で結びます。結び目をボンドで補強したら余分なたこ糸をカットし、二重カンにボールチェーンを通して完成。金具を使わずにたこ糸をそのまま残してオーナメントのように飾っても。

ブローチ　　材料：ブローチ金具、多用途接着剤

完成した犬ぽんぽんの後ろ側を平らにカットします。後ろから出ているたこ糸も短くカットしたら、ブローチ金具の皿部分に接着剤を塗り、カットした面の中心よりやや上に貼り付けしっかりと押しつけます。接着剤が乾いたら完成です。

髪ゴム　　材料：二重カン、髪用のゴム

ぽんぽんの中心を結んだたこ糸を最後までカットせずに残しておき、写真のように片方のたこ糸に二重カンを通して止め結び(正)→止め結び(逆)の順で結ぶ。結び目をボンドで補強したら余分なたこ糸をカットする。必要であればぽんぽんの裏側を適宜カットして平らにし、二重カンに髪用のゴムを通して好みの大きさのわにしたら完成。

固め止め結び、止め結び(逆)
は p.39参照。

柴犬

 白毛

 黒毛

→p.9

● サイズ（概寸）
…縦68mm×横65mm×厚み68mm
● ポンポンメーカー…65mm

材料

本体	: iroiro（○1）（● 49）
耳の土台	: 羊毛（白）…少量
	布用スタンプインク（ビスケット）
耳の内側	: 羊毛（薄ピンク）…少量
目	: さし目（黒・6mm）…2個
アイライン	: 羊毛（黒）…少量
鼻	: 羊毛（シナモンベージュ）
鼻の穴・鼻～口のライン	
	: 羊毛（黒）…少量

● サイズ（概寸）
…縦68mm×横65mm×厚み68mm
● ポンポンメーカー…65mm

材料

本体	: iroiro（○1）（ 3）（● 47）（ 49）
耳の土台	: 羊毛（黒）…少量
耳の内側	: 羊毛（杢グレー）…少量
目	: さし目（黒・6mm）…2個
アイライン	: 羊毛（黒）…少量
鼻	: 羊毛（黒）…少量
鼻～口のライン	: 羊毛（黒）…少量

巻き図

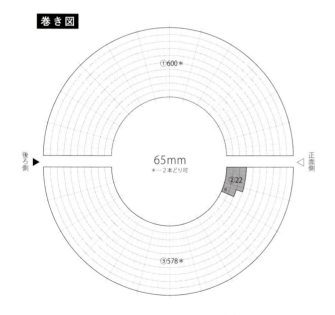

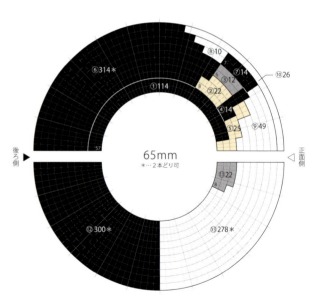

巻き終わり

巻き終わり

カットの目安／耳のつけ位置

正面 / 右 / 上 / 左 / 下

耳 型紙
＊巻末参照

作り方

1. 65mmのポンポンメーカーに白毛は①～③、黒毛は①～⑬の順に糸を巻いてぽんぽんを作る。⇒p.38-39、p.42-43参照

2. 巻き終わりの写真の点線部分（マズル）の糸を、ニードルで中心に向けて刺してまとめる。⇒p.44参照

3. カットの目安を参考に、2でまとめたマズルのまわりやあご下の糸をカット、さらに色々な角度から見ながらカットして、顔の凹凸を作っていく。マズルをさらにニードルで刺し固め、カットして形を整える。⇒p.45参照

4. 目をボンドで接着する。指定の羊毛で鼻を作り、ニードルで本体に刺しとめる。⇒p.46参照

5. 黒の羊毛を少量とり、ニードルでアイラインと鼻～口のラインを入れる。⇒p.47参照　白毛は鼻の穴を入れるⓐ。

6. 耳を作る。指定の羊毛で耳の土台を作り、白毛は内側に薄ピンクの羊毛をニードルで刺しとめる。ふちに布用スタンプインクで色づけをし、ティッシュやいらない布であて布をしてアイロンをかける。黒毛は、杢グレーの羊毛をニードルで刺し、薄いシート状にしてから土台の内側に刺しとめる。本体の耳のつけ位置に差し込み、ニードルで刺して固定する。⇒p.50-51参照

7. 全体のバランスを見て、仕上げのカットをしたら完成。

秋田犬

→p.21

●サイズ（概寸）
…縦70mm×横65mm×厚み68mm
●ポンポンメーカー…65mm

材料

本体	：iroiro（○1）（●3）（●4）（●5）（●49）
耳の土台	：iroiro（●4）
耳の内側	：羊毛（白）…少量
目	：さし目（黒・6mm）…2個
アイライン	：羊毛（黒）…少量
まゆげ	：iroiro（●49）…5cm×2本
鼻	：羊毛（黒）…少量
鼻～口のライン	：羊毛（黒）…少量

巻き図

⑤336*
③66
⑥10
②26
⑦13
⑭17
④51
①28
⑧70*
33
65mm
＊…2本どり可
⑨22
⑩260*
⑫298*
⑪20

後ろ側 ◀ ▷ 正面側

巻き終わり

耳
厚紙　縦4cm×横5.5cm
＊型紙は巻末参照

4cm
4.5cm

カットの目安／耳の位置

正面　右　上　左　下

作り方

1. 65mmのポンポンメーカーに①～⑫の順に糸を巻いてぽんぽんを作る。⇒p.38-39、p.42-43参照

2. 巻き終わりの写真の点線部分（マズル）の糸を、ニードルで中心に向けて刺してまとめる。⇒p.44参照

3. カットの目安を参考に、2でまとめたマズルのまわりやあご下の糸をカット、さらに色々な角度から見ながらカットして、顔の凹凸を作っていく。マズルをさらにニードルで刺し固め、カットして形を整える。⇒p.45参照

4. 目をボンドで接着する。黒の羊毛で鼻を作り、ニードルで本体に刺しとめる。⇒p.46参照

5. 黒の羊毛を少量とり、ニードルでアイラインと鼻～口のラインを入れる。⇒p.47参照

6. 耳を作る。●4の糸を、指定のサイズの厚紙に40回ゆるめに巻く。全体の幅が約3.8cmになるまでニードルで刺しつなげてカットし、耳の土台を作る。白の羊毛を少量とり、ニードルで刺して薄いシート状にしてからカットし、土台の内側に刺しとめる。本体の耳のつけ位置に差し込み、ニードルで刺しつけて固定する。⇒p.48-49参照

7. ●49の糸を5cm×2本用意し、それぞれの目頭に1本ずつ、中央部分をニードルで刺しつけ、余分をカットするⓐ1-2。

ⓐ-1　ⓐ-2

8. 全体のバランスを見て、仕上げのカットをしたら完成。

トイ・プードル

 クリーム

→p.11

●サイズ(概寸)
…縦60mm×横90mm×厚み65mm
●ポンポンメーカー…65mm

材料

本体	：原毛に近いメリノウール(●2) iroiro(●5)
耳	：原毛に近いメリノウール(●2)
目	：さし目(黒・8mm)…2個
アイライン	：iroiro(●5)…10cm×1本
鼻	：ドッグノーズ(ブラウン・10mm)…1個
鼻～口のライン	：羊毛(黒)…少量
※舌	：羊毛(カメオローズ)…少量
あごの土台	：原毛に近いメリノウール(●2)…20cm×1本
あごの内側	：羊毛(黒)…少量

シルバー

●サイズ(概寸)
…縦70mm×横100mm×厚み65mm
●ポンポンメーカー…65mm

材料

本体	：原毛に近いメリノウール(●8) iroiro(●48)
耳	：原毛に近いメリノウール(●8)
目	：さし目(黒・8mm)…2個
アイライン	：iroiro(●48)…10cm×1本
鼻	：ドッグノーズ(ブラック・10mm)…1個
鼻～口のライン	：羊毛(黒)…少量
モヒカン	：原毛に近いメリノウール(●8)…10cm×20本
※舌	：羊毛(カメオローズ)…少量
あごの土台	：原毛に近いメリノウール(●8)…20cm×1本
あごの内側	：羊毛(黒)…少量

巻き図

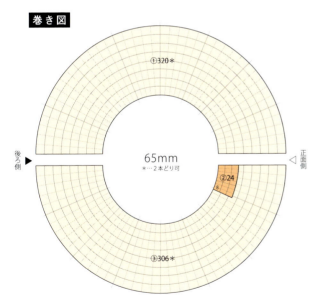

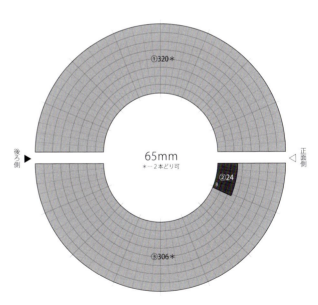

巻き終わり

巻き終わり

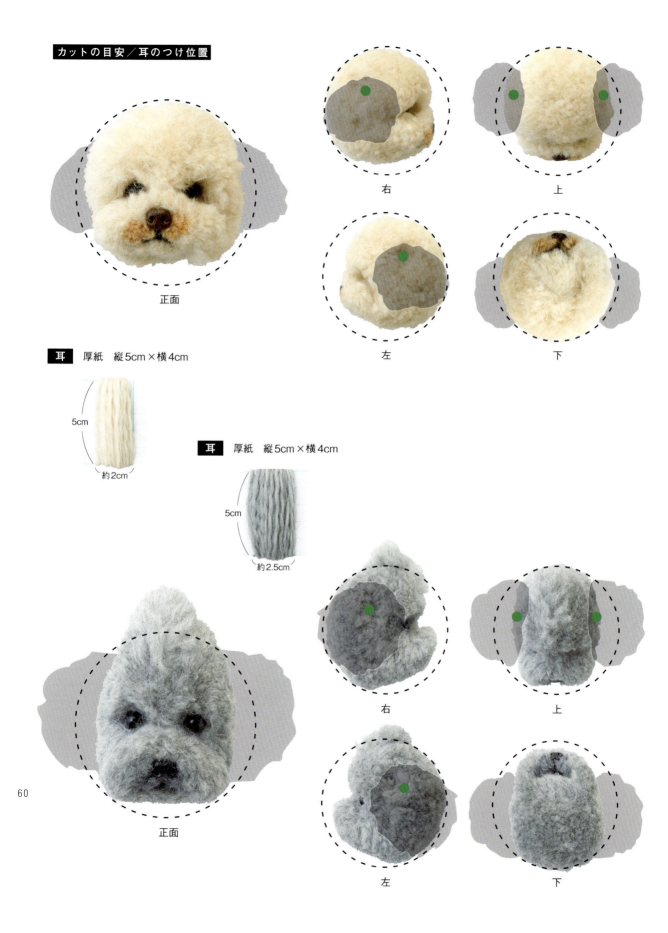

作り方

1. 65mmのポンポンメーカーに①～③の順に糸を巻いてぽんぽんを作る。⇒p.38-39、p.42-43参照

2. 巻き終わりの写真の点線部分（マズル）の糸を、ニードルで矢印の方向に刺してまとめるⓐ。⇒p.44参照

3. カットの目安を参考に、2でまとめたマズルの上やあご下の糸をカット、さらに色々な角度から見ながらカットして、顔の凹凸を作っていく。マズルをさらにニードルで刺し固め、カットして形を整える。⇒p.45参照

4. 耳を作る。耳用の糸を、指定のサイズの厚紙にクリームは30回、シルバーは40回巻く。一方の端をレース糸（または細口のたこ糸）40cmで固め止め結びをして引きしめⓑ、さらに止め結び（逆）をする。厚紙から外し、シルバーの耳は、わの先端をはさみでカットするⓒ。もう一方の耳も同様に作る。

   耳を結んだレース糸を毛糸用とじ針に通し、本体の耳のつけ位置に刺して貫通させⓓ、もう一方の耳のレース糸と固め止め結びをして引きしめるⓔ。さらに耳の内側の根元で止め結び（逆）をしてⓕ、結び目をボンドで補強し、余分なレース糸はカットする。クリームの耳は毛先側をニードルで本体に刺しつけⓖ、シルバーの耳はくしでかるくほぐしてから、カットして形を整えるⓗ1-2。

5. 目と鼻をボンドで接着する。⇒p.46、p.52参照
   目の上の糸を持ち上げるように、ニードルで上へ向かって刺しつける。

6. 指定の糸を半分にさいたものを使いアイラインを入れる。黒の羊毛を少量とり、ニードルで鼻～口のラインを入れる。⇒p.47参照

7. シルバーは、●8の糸を10cm×20本用意し、2本ずつとって中央部分を本体頭頂部に差し込み、ニードルで刺しつけるⓘ。すべてつけたらⓙ、はさみでカットして形を整えるⓚ。

8. 全体のバランスを見て、仕上げのカットをしたら完成。

   ※舌・あごをつける場合は、指定の羊毛と毛糸をニードルで刺し固め、各パーツを作ってから口部分に刺しつけて固定する。⇒p.54参照

固め止め結び　　止め結び（逆）

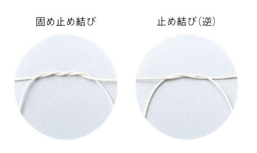

ポメラニアン

→p.10

● サイズ（概寸）
…縦70mm × 横70mm × 厚み68mm
● ポンポンメーカー…65mm

材料

本体	：iroiro（●2）（●3）（●4）（●5）（●49）
耳の土台	：iroiro（●4）
耳の内側	：羊毛（白）…少量
目	：さし目（黒・8mm）…2個
まぶた	：iroiro（●3）…20cm×2本
目尻のライン	：iroiro（●5）…8cm×4本
鼻	：ドッグノーズ（ブラック・10mm）…1個
鼻〜口のライン	：羊毛または毛糸（黒）…少量

※舌　　　：羊毛（833）…少量
　あごの土台：iroiro（●2）…30cm×1本
　あごの内側：羊毛（黒）…少量

耳　厚紙　縦4cm×横5cm
＊型紙は巻末参照

巻き図

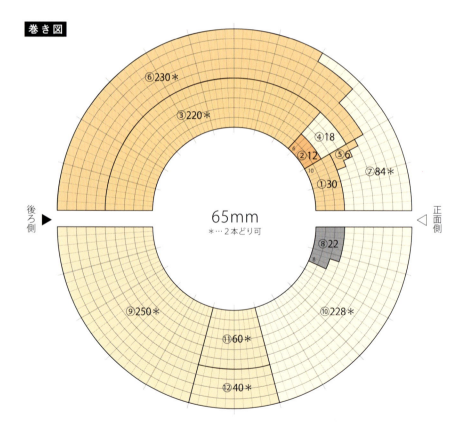

65mm
＊…2本どり可

後ろ側　正面側

巻き終わり

カットの目安／耳のつけ位置

正面

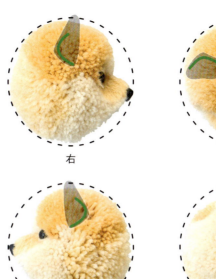

右　上

左　下

作り方

1. 65mmのポンポンメーカーに、①〜⑫の順に糸を巻いてぽんぽんを作る。⑪部分はゆるく巻きⓐ、残りは通常通り引きしめて巻くⓑ。⇒p.38-39、p.42-43参照

2. 巻き終わりの写真の点線部分（マズル）の糸をニードルで矢印の方向に刺してまとめるⓒ。⇒p.44参照

3. カットの目安を参考に2でまとめたマズルの上やあごの下の糸をカット、さらに色々な角度から見ながらカットして、顔の凹凸を作っていく。マズルをさらにニードルで刺し固め、カットして形を整える。⇒p.45参照

4. 目と鼻をボンドで接着する。⇒p.46、p.52参照

5. 🟡3の糸を20cm×2本用意し、ニードルで目のまわりを囲むよう1本ずつ刺しとめてまぶたをつける。⇒p.53参照

6. 黒の羊毛を少量とり、ニードルで鼻〜口のラインを入れる。⇒p.47参照

7. 耳を作る。🟡4の糸を、指定のサイズの厚紙に30回ゆるめに巻く。全体の幅が約3cmになるまでニードルで刺しつなげてカットし、耳の土台を作る。白の羊毛を少量とり、ニードルで刺して薄いシート状にしてからカットし、土台の内側に刺しとめる。本体の耳のつけ位置に差し込み、ニードルで刺しつけて固定する。⇒p.48-49参照

8. 🟠5の糸を8cm×4本用意し、ニードルで目尻のラインを入れⓓ、余分な糸をカットして完成ⓔ。

※舌・あごをつける場合は、羊毛と毛糸をニードルで刺し固め、各パーツを作ってから口部分に差し込む。⇒p.54参照

チワワ

 ブラック

→p.12

●サイズ(概寸)
…縦75mm×横85mm×厚み68mm
●ポンポンメーカー…65mm

材料

本体	：iroiro(○1)(3)(● 47)(49)
耳の土台	：羊毛(黒)…少量
耳の内側	：羊毛(グレージュ)…少量
目	：コミックアイ(ブラック・9mm)…2個
まぶた	：iroiro(● 47)…20cm×2本
鼻	：ドッグノーズ(ブラック・10mm)…1個
鼻〜口のライン	：羊毛(黒)…少量

 クリーム

●サイズ(概寸)
…縦72mm×横85mm×厚み68mm
●ポンポンメーカー…65mm

本体	：iroiro(○1)(3)(5)(49)
耳の土台	：羊毛(クリーム)…少量
耳の内側	：羊毛(薄ピンク)…少量
目	：コミックアイ(ブラック・9mm)…2個
まぶた	：iroiro(3)…20cm×2本
アイライン	：羊毛(焦茶)…少量
鼻	：ドッグノーズ(ブラック・10mm)…1個
鼻〜口のライン	：羊毛(黒)…少量

巻き図

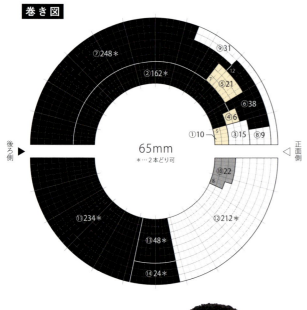

巻き終わり

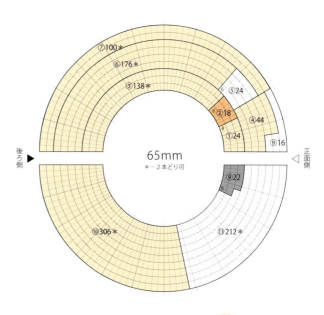

巻き終わり

| カットの目安／耳のつけ位置 | | 耳　型紙　＊巻末参照 |

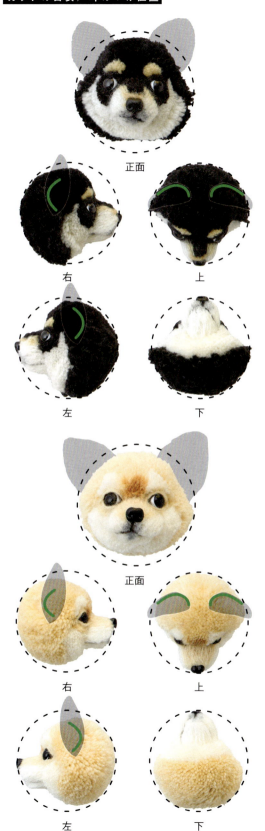

作り方

1. 65mmのポンポンメーカーにブラックは①〜⑭、クリームは①〜⑪の順に糸を巻いてぽんぽんを作る。ブラックの⑭部分はゆるく巻き、残りは通常通り引きしめて巻く。⇒p.38-39、p.42-43、p.63-1 参照

2. 巻き終わりの写真の点線部分（マズル）の糸を、ニードルで中心に向けて刺してまとめる。⇒p.44参照

3. カットの目安を参考に、2でまとめたマズルのまわりやあご下の糸をカット、さらに色々な角度から見ながらカットして、顔の凹凸を作っていく。マズルをさらにニードルで刺し固め、カットして形を整える。⇒p.45参照

4. 目と鼻をボンドで接着する。⇒p.46、p.52参照

5. 指定の糸を20cm×2本用意し、ニードルで目のまわりを囲むように1本ずつ刺しとめてまぶたをつける。クリームは、まぶたと目のさかいめの際に、焦茶の羊毛でアイラインを入れる。⇒p.53参照

6. 黒の羊毛を少量とり、ニードルで鼻〜口のラインを入れる。⇒p.47参照

7. 耳を作る。指定の羊毛で耳の土台を作り、内側用の羊毛をニードルで刺して薄いシート状にしてからカットし、土台に刺しとめる。本体の耳のつけ位置に差し込み、ニードルで刺しつけて固定する。⇒p.50-51参照

8. 全体のバランスを見て、仕上げのカットをしたら完成。

フレンチ・ブルドッグ

→p.14

●サイズ（概寸）
…縦85mm×横70mm×厚み63mm
●ポンポンメーカー…65mm

材料

本体	：iroiro（○1）（●48）（●49）（○50）
耳の土台	：羊毛（白）…少量
耳の内側	：羊毛（薄ピンク）…少量
目	：コミックアイ（ブラック・9mm）…2個
まぶた	：iroiro（○50）…20cm×2本
アイライン	：羊毛（黒）…少量
鼻	：羊毛（焦茶）…少量
鼻～口のライン	：羊毛（黒）…少量
しわ	：羊毛（黒）…少量

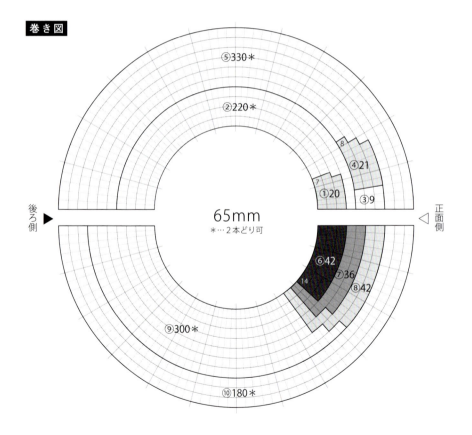

巻き図

耳　型紙　＊巻末参照

巻き終わり

カットの目安／耳のつけ位置

正面

右

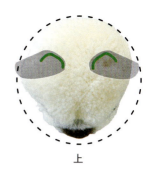
上

左

下

作り方

1. 65mmのポンポンメーカーに①〜⑩の順に糸を巻いてぽんぽんを作る。⇒p.38-39、p.42-43参照

2. 巻き終わりの写真の点線部分（マズル）の糸を、ニードルで矢印の方向に刺してまとめるⓐ。⇒p.44参照

3. カットの目安を参考に、2でまとめたマズルの上やあご下、顔の両脇の糸をカットし、マズルの前面も平らにカットする。さらに色々な角度から見ながらカットして、顔の凹凸を作っていくⓑ。⇒p.45参照

4. 目をボンドで接着する。焦茶の羊毛で鼻を作り、ニードルで本体に刺しとめる。⇒p.46参照

5. ◯50の糸を20cm×2本用意し、ニードルで目のまわりを囲むように1本ずつ刺しとめてまぶたをつける。まぶたと目のさかいめの際に、黒の羊毛でアイラインを入れる。⇒p.53参照

6. 黒の羊毛を少量とり、ニードルで鼻〜口のライン、顔のしわを入れるⓒ。⇒p.47参照

7. 耳を作る。白の羊毛で耳の土台を作り、内側に薄ピンクの羊毛をニードルで刺しとめる。つけ根側を半分に折りたたんでから本体の耳のつけ位置に差し込み、ニードルで刺して固定する。⇒p.50-51参照

8. 全体のバランスを見て、仕上げのカットをしたら完成。

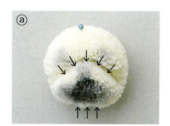
ⓐ

ⓑ 正面

右

ⓒ

鼻〜口のライン／しわ

シー・ズー

→p.15

● サイズ（概寸）
…縦60mm×横100mm×厚み65mm
● ポンポンメーカー…65mm

材料

本体	: iroiro（○1）（●9）（●49）
耳	: iroiro（●9）（●10）
目	: さし目（黒・8mm）…2個
まぶた	: iroiro（●10）…15cm×2本
鼻	: ドッグノーズ（ブラック・10mm）…1個
鼻～口のライン	: 羊毛（黒）…少量

巻き図

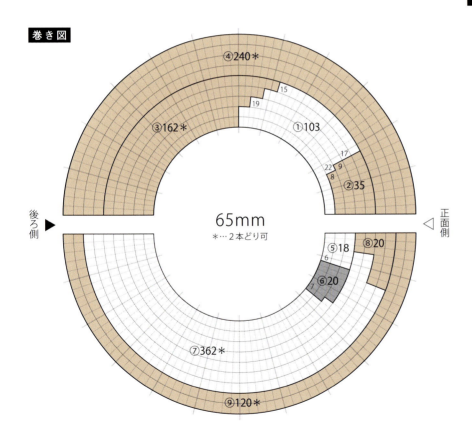

65mm
＊…2本どり可

耳　厚紙　縦6cm×横4cm

巻き終わり

| カットの目安／耳のつけ位置

正面　　　　　右　　　　　上　　　　　左　　　　　下

| 作り方

1. 65mmのポンポンメーカーに①〜⑨の順に糸を巻いてぽんぽんを作る。⇒p.38-39、p.42-43参照

2. 巻き終わりの写真の点線部分（マズル）の糸を、ニードルで矢印の方向に刺してまとめるⓐ。⇒p.44参照

3. カットの目安を参考に、2でまとめたマズルの上やあご下の糸をカット、さらに色々な角度から見ながらカットし、顔の凹凸を作っていく。マズルをさらにニードルで刺し固め、カットして形を整えるⓑ。

4. 耳を作る。●10の糸を、指定のサイズの厚紙に30回巻き、その上を覆うように○9の糸を20回巻くⓒ。一方の端をレース糸（または細口のたこ糸）約40cmで固め止め結びをして引きしめ、さらに止め結び（逆）する。厚紙から外し、わの先端をはさみでカットする。もう一方の耳も同様に作る。

   耳を結んだレース糸を毛糸用とじ針に通したら、本体の耳のつけ位置に刺して貫通させ、もう一方の耳のレース糸と固め止め結びをして引きしめる。さらに耳の内側の根元で止め結び（逆）をして結び目をボンドで補強し、余分なレース糸はカットする。⇒p.61参照

5. 目と鼻をボンドで接着する。⇒p.46、p.52参照

6. ●10の糸を15cm×2本用意し、ニードルで目のまわりを囲むように1本ずつ刺しとめてまぶたをつける。⇒p.53参照

7. 黒の羊毛を少量とり、ニードルで鼻〜口のラインを入れる。⇒p.47参照

8. 全体のバランスを見て、仕上げのカットをしたら完成。

狆

→p.15

● サイズ（概寸）
…縦60mm×横100mm×厚み65mm
● ポンポンメーカー…65mm

材料

本体	：iroiro（○1）（●40）（●47）（●49）
耳	：iroiro（●47）
目	：コミックアイ（黒・9mm）…2個
まぶた	：iroiro（●49）…20cm×2本
鼻	：ドッグノーズ（ブラック・10mm）…1個
鼻～口のライン	：羊毛（黒）…少量

巻き図

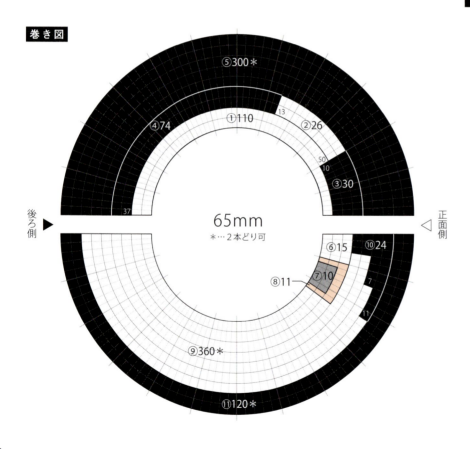

耳 厚紙 縦6cm×横6cm

巻き終わり

| カットの目安／耳のつけ位置 |

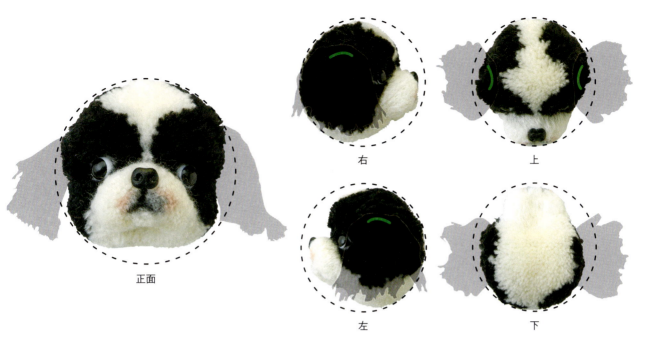

正面 　　右　　上　　左　　下

作り方

1. 65mmのポンポンメーカーに①〜⑪の順に糸を巻いてぽんぽんを作る。⇒p.38-39、p.42-43参照

2. 巻き終わりの写真の点線部分（マズル）の糸を、ニードルで中心に向けて刺してまとめる。⇒p.44参照

3. カットの目安を参考に、2でまとめたマズルのまわりやあご下の糸をカット、さらに色々な角度から見ながらカットして、顔の凹凸を作っていく。マズルをさらにニードルで刺し固め、カットして形を整える。⇒p.45参照

4. 目と鼻をボンドで接着する。⇒p.46、p.52参照

5. ●49の糸を20cm×2本用意し、ニードルで目のまわりを囲むように1本ずつ刺しとめてまぶたをつける。⇒p.53参照

6. 黒の羊毛を少量とり、ニードルで鼻〜口のラインを入れる。⇒p.47参照

7. 耳を作る。●47の糸を、指定のサイズの厚紙に40回ゆるめに巻き、下から1.5cm部分を残し、全体の幅が約4cmになるまでニードルで刺しつなげてカットするⓐ。上部を内側に折りたたんでからⓑ本体の耳のつけ位置に差し込み、ニードルで刺しつけてⓒ固定する。

8. 全体のバランスを見て、仕上げのカットをしたら完成。

ミニチュア・ダックスフンド

→p.16

● サイズ（概寸）
…縦65mm×横90mm×厚み68mm
● ポンポンメーカー…65mm

材料

本体	：iroiro（● 5）（● 6）（● 47）（● 49）
耳の土台	：羊毛（黒）…少量
耳の内側	：羊毛（カラメル）…少量
目	：プラスチックアイ （ダークブラウン・9mm）…2個
まぶた	：iroiro（● 47）…20cm×2本
鼻	：羊毛（黒）…少量
鼻〜口のライン	：羊毛（黒）…少量

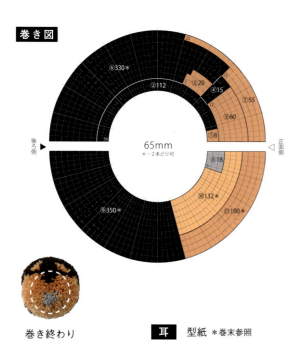

巻き図 / 巻き終わり / 耳　型紙 ＊巻末参照

作り方

1. 65mmのポンポンメーカーに①〜⑪の順に糸を巻いてぽんぽんを作る。⇒p.38-39、p.42-43参照

2. 巻き終わりの写真の点線部分（マズル）の糸を、ニードルで中心に向けて刺してまとめる。⇒p.44参照

3. カットの目安を参考に、2でまとめたマズルのまわりやあご下の糸をカット、さらに色々な角度から見ながらカットして、顔の凹凸を作っていく。マズルをさらにニードルで刺し固め、カットして形を整える。⇒p.45参照

4. 目をボンドで接着する。黒の羊毛で鼻を作り、ニードルで本体に刺しとめる。⇒p.46参照

5. ● 47の糸を20cm×2本用意し、ニードルで目のまわりを囲むように1本ずつ刺しとめてまぶたをつける。⇒p.53参照

6. 黒の羊毛を少量とり、ニードルで鼻〜口のラインを入れる。⇒p.47参照

7. 耳を作る。黒の羊毛で耳の土台を作り、カラメルの羊毛をニードルで刺して薄いシート状にしてからカットし、土台の内側に刺しとめる。上部片側を内側に折りたたんでから本体の耳のつけ位置に差し込み、ニードルで刺しつけて固定する。⇒p.50-51参照

8. 全体のバランスを見て、仕上げのカットをしたら完成。

カットの目安／耳のつけ位置

正面 / 右 / 左 / 上 / 下

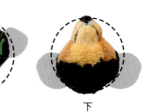

ウェルシュ・コーギー

→p.17

● サイズ（概寸）
…縦85mm×横70mm×厚み68mm
● ポンポンメーカー…65mm

材料

本体	：iroiro（○1）（●4）（●5）（●49）
耳の土台	：iroiro（●4）
耳の内側	：羊毛（白）…少量
目	：さし目（黒・8mm）…2個
まぶた	：iroiro（●4）…20cm×2本
鼻	：羊毛（黒）…少量
鼻～口のライン	：羊毛（黒）…少量

作り方

1. 65mmのポンポンメーカーに①～⑦の順に糸を巻いてぽんぽんを作る。⇒p.38-39、p.42-43参照

2. 巻き終わりの写真の点線部分（マズル）の糸を、ニードルで中心に向けて刺してまとめる。⇒p.44参照

3. カットの目安を参考に、2でまとめたマズルのまわりやあご下の糸をカット、さらに色々な角度から見ながらカットして、顔の凹凸を作っていく。マズルをさらにニードルで刺し固め、カットして形を整える。⇒p.45参照

4. 目をボンドで接着する。黒の羊毛で鼻を作り、ニードルで本体に刺しとめる。⇒p.46参照

5. ●4の糸を20cm×2本用意し、ニードルで目のまわりを囲むように1本ずつ刺しとめてまぶたをつける。⇒p.53参照

6. 黒の羊毛を少量とり、ニードルで鼻～口のラインを入れる。⇒p.47参照

7. 耳を作る。●4の糸を、指定のサイズの厚紙に40回ゆるめに巻き、全体の幅が約4cmになるまでニードルで刺しつなげてカットし、耳の土台を作る。白の羊毛を少量とり、ニードルで刺して薄いシート状にしてからカットし、土台の内側に刺しとめる。本体の耳のつけ位置に差し込み、ニードルで刺しつけて固定する。⇒p.48-49参照

8. 全体のバランスを見て、仕上げのカットをしたら完成。

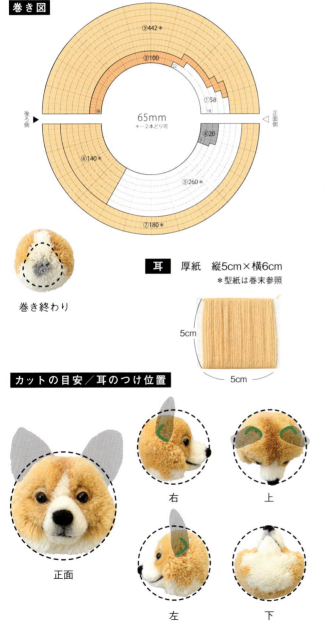

ビーグル

→p.20

● サイズ（概寸）
…縦60mm×横90mm×厚み68mm
● ポンポンメーカー…65mm

材料

本体	：iroiro（○1）（● 5）（● 49）
耳	：羊毛（キャメル）…少量 　布用スタンプインク（エスプレッソ）
目	：クリスタルアイ（ブラウン・7.5mm）…2個
アイライン	：羊毛（黒）…少量
鼻	：羊毛（黒）…少量
鼻〜口のライン	：羊毛（黒）…少量

巻き図

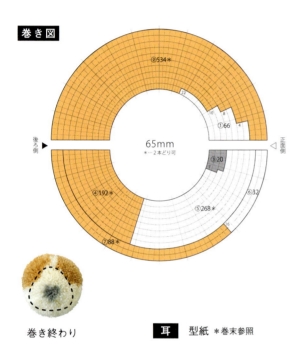

巻き終わり　　　耳　型紙 ＊巻末参照

作り方

1. 65mmのポンポンメーカーに①〜⑦の順に糸を巻いてぽんぽんを作る。⇒p.38-39、p.42-43参照

2. 巻き終わりの写真の点線部分（マズル）の糸を、ニードルで中心に向けて刺してまとめる。⇒p.44参照

3. カットの目安を参考に、2でまとめたマズルのまわりやあご下の糸をカット、さらに色々な角度から見ながらカットして、顔の凹凸を作っていく。マズルをさらにニードルで刺し固め、カットして形を整える。⇒p.45参照

4. 目をボンドで接着する。黒の羊毛で鼻を作り、ニードルで本体に刺しとめる。⇒p.46参照

5. 黒の羊毛を少量とり、アイラインを入れる。黒の羊毛を少量とり、ニードルで鼻〜口のラインを入れる。⇒p.47参照

6. キャメルの羊毛で耳を作る。⇒p.50参照
耳の外側先端付近に布用スタンプインクで色づけをし、ティッシュやいらない布をあて布をしてアイロンをかける。つけ根部分の片側を内側に折りたたんでから本体の耳のつけ位置に差し込み、ニードルで刺しつけて固定する。⇒p.51参照

7. 全体のバランスを見て、仕上げのカットをしたら完成。

カットの目安／耳のつけ位置

正面　　　右　　　上　　　左　　　下

ミニチュア・ピンシャー

→p.22

● サイズ（概寸）
…縦100mm×横80mm×厚み68mm
● ポンポンメーカー…65mm

材料

本体	：iroiro（●6）（●8）（●47）（●48）
耳の土台	：羊毛（黒）…少量
耳の内側	：羊毛（グレージュ）…少量
目	：プラスチックアイ （ダークブラウン・9mm）…2個
まぶた	：iroiro（●47）…20cm×2本
鼻	：羊毛（黒）…少量
鼻〜口のライン	：羊毛（黒）…少量

巻き図

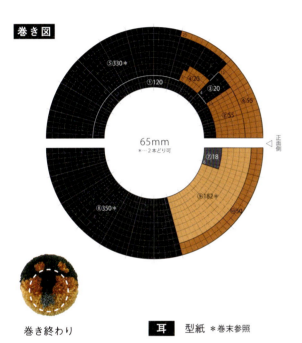

巻き終わり

耳　型紙 ＊巻末参照

作り方

1. 65mmのポンポンメーカーに①〜⑩の順に糸を巻いてぽんぽんを作る。⇒p.38-39、p.42-43参照

2. 巻き終わりの写真の点線部分（マズル）の糸を、ニードルで中心に向けて刺してまとめる。⇒p.44参照

3. カットの目安を参考に、2でまとめたマズルのまわりやあご下の糸をカット、さらに色々な角度から見ながらカットして、顔の凹凸を作っていく。マズルをさらにニードルで刺し固め、カットして形を整える。⇒p.45参照

4. 目をボンドで接着する。黒の羊毛で鼻を作り、ニードルで本体に刺しとめる。⇒p.46参照

5. ●47の糸を20cm×2本用意し、ニードルで目のまわりを囲むように1本ずつ刺しとめてまぶたをつける。⇒p.53参照

6. 黒の羊毛を少量とり、ニードルで鼻〜口のラインを入れる。⇒p.47参照

7. 耳を作る。黒の羊毛で耳の土台を作り、グレージュの羊毛をニードルで刺して薄いシート状にしてからカットし、土台の内側に刺しとめる。つけ根側を半分に折りたたんでから本体の耳のつけ位置に差し込み、ニードルで刺しつけて固定する。⇒p.50-51参照

8. 全体のバランスを見て、仕上げのカットをしたら完成。

カットの目安／耳のつけ位置

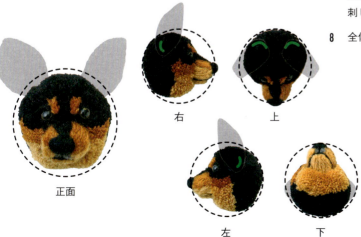

正面　右　上　左　下

ヨークシャー・テリア

→p.23

●サイズ(概寸)
…縦100mm×横75mm×厚み68mm
●ポンポンメーカー…65mm

材料

本体	: iroiro（ 3）（ 5）（●47）（●48）
耳の土台	: 羊毛(黒)…少量
耳の内側	: 羊毛(グレージュ)…少量
目	: さし目(8mm・黒)…2個
まぶた	: iroiro（●48）…20cm×2本
鼻	: 羊毛(黒)…少量
鼻〜口のライン	: 羊毛(黒)…少量
ひげ	: iroiro（ 3）（●48）…各8cm×8本

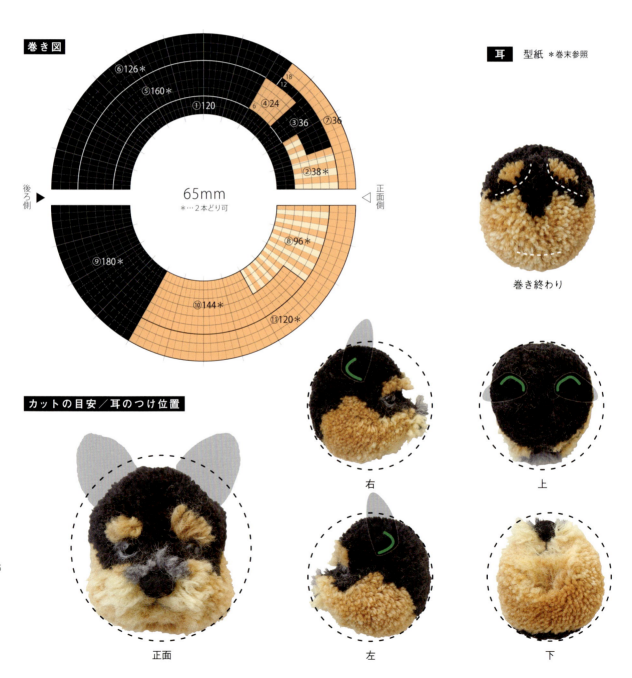

ミニチュア・シュナウザー

→p.23

● サイズ（概寸）
…縦85mm×横65mm×厚み68mm
● ポンポンメーカー…65mm

材料

本体	：iroiro（○1）（● 48）（● 49）（ 50）
耳の土台	：羊毛（グレイ）…少量
耳の内側	：羊毛（白）…少量
目	：プラスチックアイ（ダークブラウン・9mm）…2個
まぶた	：iroiro（● 48）…20cm×2本
鼻	：羊毛（黒）…少量
鼻～口のライン	：羊毛（黒）…少量
ひげ	：iroiro（● 48）（ 50）…各8cm×8本

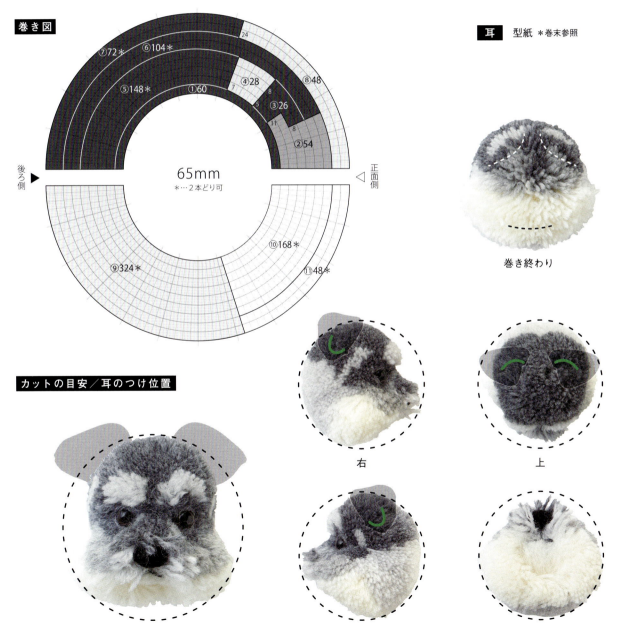

*作り方は p.78

作り方

1. 65mmのポンポンメーカーに①〜⑪の順に糸を巻いてぽんぽんを作る。ミニチュア・シュナウザーは⑩をゆるく巻き、残りは通常通り引きしめて巻く。ヨークシャー・テリアの②、⑧部分は ◯3と●6の糸を2本取りにして巻く。⇒p.38-39、p.42-43、p.63-1参照

2. 巻き終わりの写真の点線部分（マズル）の糸を、ニードルで矢印の方向に刺してまとめるⓐ。⇒p.44参照

3. カットの目安を参考に、2でまとめたマズルの上の糸をカット、さらに色々な角度から見ながら、口まわりとまゆげ部分の糸を長く残すようにして、形を整える。マズルをさらにニードルで刺し固める。⇒p.45参照

4. 目をボンドで接着する。黒の羊毛で鼻を作り、ニードルで本体に刺しとめる。⇒p.46参照

5. 指定の糸を20cm×2本用意し、ニードルで目のまわりを囲むように1本ずつ刺しとめてまぶたをつける。⇒p.53参照

6. 黒の羊毛を少量とり、ニードルで鼻〜口のラインを入れる。⇒p.47参照

7. 耳を作る。指定の羊毛で耳の土台を作り、内側用の羊毛をニードルで刺して薄いシート状にしてからカットし、土台の内側に刺しとめる。つけ根側を半分に折りたたんでから本体の耳のつけ位置に差し込み、ニードルで刺しつけて固定する。⇒p.50-51参照
   ミニチュア・シュナウザーは、耳が前に倒れるように折り曲げ、折り山部分をニードルで上から刺しつけてくせづけする。

8. ヨークシャー・テリアは◯3と●48の糸を各8cm×8本用意し、鼻の上に●48を8本、鼻の両脇に◯3を各4本ずつ、中央部分をニードルで刺しつけて余分をカットする。
   ミニチュア・シュナウザーは、●48と◯50の糸を各8cm×8本用意し、鼻の上に●48を8本、鼻の両脇に◯50を各4本ずつ、中央部分をニードルで刺しつけて余分をカットするⓑ1-2。

9. 全体のバランスを見て、仕上げのカットをしたら完成。

ビション・フリーゼ

→p.26

● サイズ（概寸）
…縦70mm×横70mm×厚み70mm
● ポンポンメーカー…65mm

材料

本体	：原毛に近いメリノウール（○1） 　iroiro（● 49）（□ 50）
目	：さし目（黒・6mm）…2個
アイライン	：iroiro（□ 50）…10cm×1本
鼻	：羊毛（焦茶）…少量
鼻〜口のライン	：羊毛（黒）…少量

※舌　　　　：羊毛（カメオローズ）…少量
　あごの土台：原毛に近いメリノウール（○1）…20cm×1本
　あごの内側：羊毛（黒）…少量

巻き図

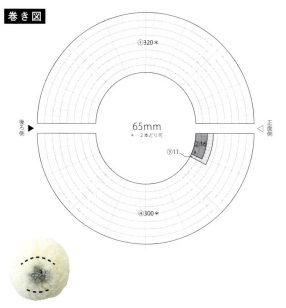

巻き終わり

作り方

1. 65mmのポンポンメーカーに①〜④の順に糸を巻いてぽんぽんを作る。⇒p.38-39、p.42-43参照

2. 巻き終わりの写真の点線部分（マズル）の糸を、ニードルで矢印の方向に刺してまとめる ⓐ。⇒p.44参照

3. カットの目安を参考に、2でまとめたマズルの上の糸をかるくカットし、形を整える。マズルをさらにニードルで刺し固め、カットして形を整える。⇒p.45参照

4. 目をボンドで接着する。⇒p.46参照
目の上の糸を持ち上げるように、ニードルで上へ向かって刺しつける。焦茶の羊毛で鼻を作り、本体に刺しとめる。

5. □50の糸を半分にさいたものを使いアイラインを入れる。黒の羊毛を少量とり、ニードルで鼻〜口のラインを入れる。⇒p.47参照

6. 全体のバランスを見て、仕上げのカットをしたら完成。

※舌・あごをつける場合は、指定の羊毛と毛糸をニードルで刺し固め、各パーツを作ってから口部分に刺しつけて固定する。⇒p.54参照

カットの目安

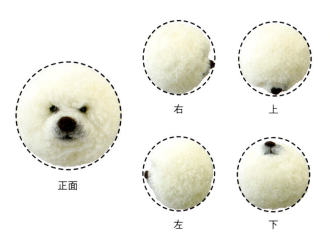

正面　　右　　上　　左　　下

パグ

→p.24

●サイズ（概寸）
…縦58mm×横75mm×厚み58mm
●ポンポンメーカー…65mm

材料

本体	: iroiro（●2）（●9）（●10）（●11）
耳	: 羊毛（焦茶）…少量
目	: コミックアイ（ブラック・9mm）…2個
まぶた	: iroiro（●10）…20cm×2本
アイライン	: 羊毛（黒）…少量
鼻	: 羊毛（黒）…少量
鼻〜口のライン	: 羊毛（黒）…少量
しわ	: 羊毛（焦茶）…少量

※舌：羊毛（カメオローズ）…少量

耳　型紙 ＊巻末参照

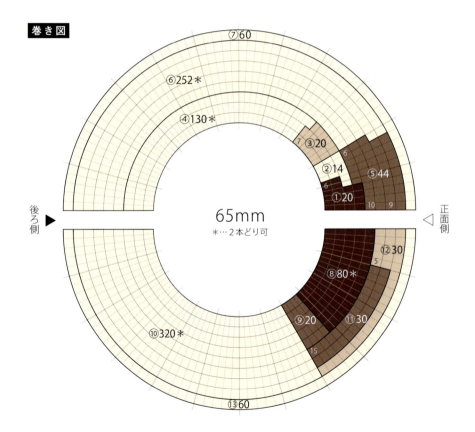

巻き終わり

カットの目安／耳のつけ位置

正面

右

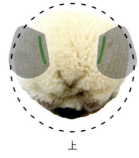
上

左

下

作り方

1. 65mmのポンポンメーカーに①〜⑬の順に糸を巻いてぽんぽんを作る。⇒p.38-39、p.42-43参照

2. 巻き終わりの写真の点線部分（マズル）の糸を、ニードルで矢印の方向に刺してまとめるⓐ。⇒p.44参照

3. カットの目安を参考に、2でまとめたマズルの上やあご下、顔の両脇の糸をカットしⓑ、マズルの前面も平らにカットするⓒ。さらに色々な角度から見ながらカットして、顔の凹凸を作っていく。⇒p.45参照

4. 目をボンドで接着する。黒の羊毛で鼻を作り、ニードルで本体に刺しとめる。⇒p.46参照

5. ●10の糸を20cm×2本用意し、ニードルで目のまわりを囲むように1本ずつ刺しとめてまぶたをつける。まぶたと目のさかいめの際に、黒の羊毛でアイラインを入れる。⇒p.53参照

6. 黒の羊毛を少量とり、ニードルで鼻〜口のラインを入れる。⇒p.47参照

7. 焦茶の羊毛を少量とり、顔のしわを入れるⓓ。

8. 焦茶の羊毛で耳を作る。⇒p.50参照
   つけ根部分の片側を内側に折りたたんでから本体の耳のつけ位置に差し込み、ニードルで刺しつけて固定する。⇒p.51参照

9. 全体のバランスを見て、仕上げのカットをしたら完成。

   ※舌をつける場合は、指定の羊毛をニードルで刺し固め、口部分に刺しつけて固定する。⇒p.54参照

ⓐ

ⓑ 正面

右

ⓒ 正面

右

ⓓ

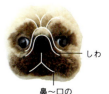
しわ / 鼻〜口のライン

ブル・テリア

→p.27

●サイズ（概寸）
…縦80mm×横60mm×厚み70mm
●ポンポンメーカー…65mm

材料

本体	：iroiro（○1）（●10）（●40）
耳の土台	：羊毛（白）…少量
耳の内側	：羊毛（薄ピンク）…少量
目	：さし目（黒・6mm）…2個
アイライン	：羊毛（黒）…少量
鼻	：羊毛（黒）…少量
鼻〜口のライン	：羊毛（黒）…少量

巻き図

耳　型紙　＊巻末参照

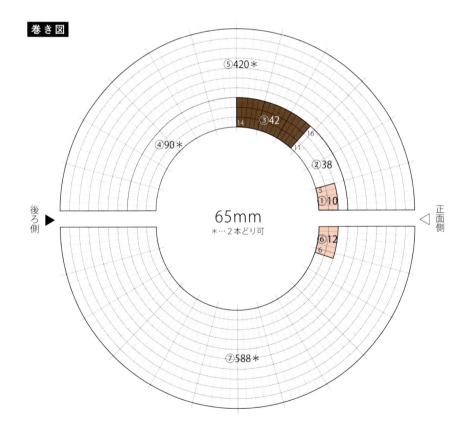

巻き終わり

カットの目安／耳のつけ位置

正面

右

上

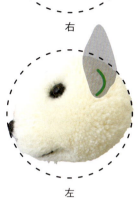

左

下

作り方

1. 65mmのポンポンメーカーに①〜⑦の順に糸を巻いてぽんぽんを作る。⇒p.38-39、p.42-43参照

2. ③の部分が片方の目の位置になるようにまち針で頭頂部に目印をしⓐ、写真ⓑを参考に顔全体の形を細長くカットする。

3. ⓑの点線部分（マズル）の糸を、ニードルで中心に向けて刺しまとめるⓒ。さらに色々な角度から見ながらカットして形を整えるⓓ。

4. 目をボンドで接着する。黒の羊毛で鼻を作り、本体に刺しとめる。⇒p.46参照

5. 黒の羊毛を少量とり、ニードルでアイラインと鼻〜口のラインを入れる。⇒p.47参照

6. 耳を作る。白の羊毛で耳の土台を作り、内側に薄ピンクの羊毛をニードルで刺しとめる。つけ根側を半分に折りたたんでから本体の耳のつけ位置に差し込み、ニードルで刺して固定する。⇒p.50-51参照

7. 全体のバランスを見て、仕上げのカットをしたら完成。

ⓐ

ⓑ 正面

右

ⓒ

ⓓ 正面

右

仔犬

柴犬（赤毛）

→ p.28-29

●サイズ（概寸）
…縦50mm×横48mm×厚み48mm
●ポンポンメーカー…45mm

材料

本体	：iroiro（○1）（ ◯3）（ ●4）（ ●5）（ ●49）
耳の土台	：iroiro（●4）
耳の内側	：羊毛（白）…少量
目	：さし目（黒・5mm）…2個
アイライン	：羊毛（黒）…少量
鼻	：羊毛（黒）…少量
鼻～口のライン	：羊毛（黒）…少量

柴犬（黒毛）

●サイズ（概寸）
…縦50mm×横48mm×厚み48mm
●ポンポンメーカー…45mm

材料

本体	：iroiro（○1）（ ◯3）（ ●47）（ ●49）
耳の土台	：羊毛（黒）…少量
耳の内側	：羊毛（杢グレー）…少量
目	：さし目（黒・5mm）…2個
アイライン	：羊毛（黒）…少量
鼻	：羊毛（黒）…少量
鼻～口のライン	：羊毛（黒）…少量

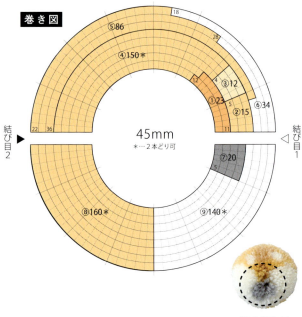

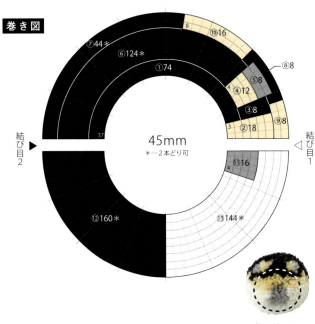

巻き終わり

作り方

1. 45mmのポンポンメーカーに、赤柴は①～⑨、黒柴は①～⑬の順に糸を巻き、レース糸（または細口のたこ糸）で結びぽんぽんを作る。⇒p.38-39、p.42-43参照

2. p.57の手順2-5と同様。

3. 耳を作る。●4の糸を、指定のサイズの厚紙に30回ゆるめに巻く。全体の幅が約2.8cmになるまでニードルで刺しつなげてカットし、耳の土台を作る。白の羊毛を少量とり、ニードルで刺して薄いシート状にしてからカットし、土台の内側に刺しとめる。本体の耳のつけ位置に差し込み、ニードルで刺しつけて固定する。⇒p.48-49参照

黒柴は、黒の羊毛で耳の土台を作り、杢グレーの羊毛をニードルで刺して薄いシート状にしてからカットし、土台の内側に刺しとめる。本体の耳のつけ位置に差し込み、ニードルで刺しつけて固定する。⇒p.50-51参照

4. 全体のバランスを見て、仕上げのカットをしたら完成。

ポメラニアン

● サイズ（概寸）
…縦48mm×横48mm×厚み45mm
● ポンポンメーカー…45mm

材料

本体	：iroiro（○1）（ 2）（● 49）
耳の土台	：羊毛（白）…少量
耳の内側	：羊毛（薄ピンク）…少量
目	：さし目（黒・5mm）…2個
アイライン	：羊毛（黒）…少量
鼻	：羊毛（黒）…少量
鼻～口のライン	：羊毛（黒）…少量

ゴールデン・レトリーバー

● サイズ（概寸）
…縦45mm×横65mm×厚み50mm
● ポンポンメーカー…45mm

材料

本体	：iroiro（ 2）（ 3）（● 49）
耳	：羊毛（薄ベージュ）…少量
目	：さし目（黒・5mm）…2個
アイライン	：羊毛（黒）…少量
鼻	：羊毛（黒）…少量
鼻～口のライン	：羊毛（黒）…少量

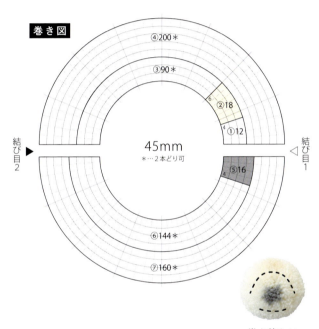

巻き図 / 巻き終わり

作り方

1. 45mmのポンポンメーカーに①～⑦の順に糸を巻き、レース糸（または細口のたこ糸）で結びぽんぽんを作る。⇒ p.38-39、p.42-43参照

2. p.63の2-3と同様。

3. 目をボンドで接着する。黒の羊毛で鼻を作り、ニードルで本体に刺しとめる。黒の羊毛を少量とり、ニードルでアイラインと鼻～口のラインを入れる。⇒ p.46-47、p.42-43参照

4. 耳を作る。白の羊毛で耳の土台を作り、内側に薄ピンクの羊毛をニードルで刺しとめる。本体の耳のつけ位置に差し込み、ニードルで刺しつけて固定する。⇒ p.50-51参照

5. 全体のバランスを見て、仕上げのカットをしたら完成。

作り方

1. 45mmのポンポンメーカーに①～⑥の順に糸を巻き、レース糸（または細口のたこ糸）で結びぽんぽんを作る。⇒ p.38-39、p.42-43参照

2. 巻き終わりの写真の点線部分（マズル）の糸を、ニードルで中心に向けて刺しまとめる。⇒ p.44参照

3. p.93の3-5と同様。

4. 薄ベージュの羊毛で耳を作る。⇒ p.50参照
つけ根部分の片側を内側に折りたたんでから本体の耳のつけ位置に差し込み、ニードルで刺しつけて固定する。⇒ p.51参照

5. 全体のバランスを見て、仕上げのカットをしたら完成。

*カットの目安／耳のつけ位置はp.86

カットの目安／耳のつけ位置

柴犬（赤毛）

正面 / 右 / 上 / 左 / 下

耳 柴犬（赤毛）

厚紙　縦3.5cm×横4.5cm
＊型紙は巻末参照

3.5cm × 3.5cm

柴犬（黒毛）

正面 / 右 / 上 / 左 / 下

ポメラニアン

正面 / 右 / 上 / 左 / 下

耳 柴犬（黒毛）、ポメラニアン、ゴールデン・レトリーバー

型紙　＊巻末参照

ゴールデン・レトリーバー

正面 / 右 / 上 / 左 / 下

シベリアン・ハスキー

→p.33

● サイズ(概寸)
…縦68mm×横68mm×厚み68mm
● ポンポンメーカー…65mm

材料

本体	: iroiro (○1) (● 48) (● 49) (・50)
耳の土台	: 羊毛(杢グレー)…少量 布用スタンプインク(リアルブラック)
耳の内側	: 羊毛(白)…少量
目	: クリスタルアイ (クリスタルブルー・6mm)…2個
アイライン	: 羊毛(黒)…少量
鼻	: 羊毛(黒)…少量
鼻〜口のライン	: 羊毛(黒)…少量

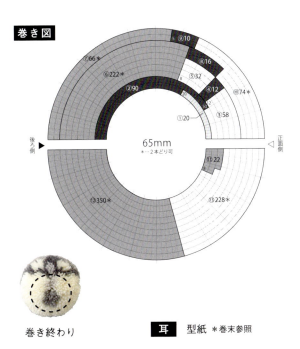

巻き図

巻き終わり

耳　型紙 ＊巻末参照

作り方

1. 65mmのポンポンメーカーに①〜⑦の順に糸を巻いてぽんぽんを作る。⇒p.38-39、p.42-43参照

2. 巻き終わりの写真の点線部分(マズル)の糸を、ニードルで中心に向けて刺してまとめる。⇒p.44参照

3. カットの目安を参考に、2でまとめたマズルのまわりやあご下の糸をカット、さらに色々な角度から見ながらカットして、顔の凹凸を作っていく。マズルをさらにニードルで刺し固め、カットして形を整える。⇒p.45参照

4. 目をボンドで接着する。黒の羊毛で鼻を作り、ニードルで本体に刺しとめる。⇒p.46参照

5. 黒の羊毛を少量とり、ニードルでアイラインと鼻〜口のラインを入れる。⇒p.47参照

6. 耳を作る。杢グレーの羊毛で耳の土台を作り、白の羊毛をニードルで刺して薄いシート状にしてからカットし、土台の内側に刺しとめる。耳の裏側先端付近に布用スタンプインクで色づけをし、ティッシュやいらない布であて布をしてアイロンをかける。本体の耳のつけ位置に差し込み、ニードルで刺しつけて固定する。⇒p.50-51参照

7. 全体のバランスを見て、仕上げのカットをしたら完成。

カットの目安／耳のつけ位置

正面　右　上　左　下

ダルメシアン

→p.30

●サイズ(概寸)
…縦65mm×横80mm×厚み70mm
●ポンポンメーカー…65mm

材料

本体	: iroiro（○1）（●47）（●49）
耳	: 羊毛(黒)…少量
目	: クリスタルアイ （クリスタルブラウン・6mm）…2個
鼻	: 羊毛(黒)…少量
鼻～口のライン	: 羊毛(黒)…少量
はん点	: iroiro（●47）…6cm×20～30本

巻き図

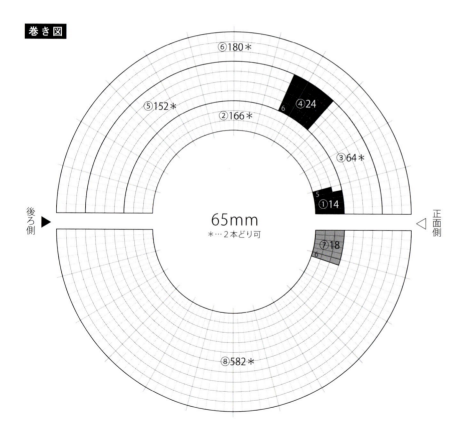

耳　型紙 ＊巻末参照

巻き終わり

カットの目安／耳のつけ位置

正面　右　上　左　下

作り方

1 65mmのポンポンメーカーに①〜⑧の順に糸を巻いてぽんぽんを作る。⇒p.38-39、p.42-43参照

2 ④の部分が両目の位置になるようにまち針で頭頂部に目印をし、顔全体の形を細長くカットする。マズル部分の糸を、ニードルで中心に向けて刺しまとめる。さらに色々な角度から見ながらカットして形を整える。⇒p.83-1-3参照

3 目をボンドで接着する。黒の羊毛で鼻を作り、ニードルで本体に刺しとめる。⇒p.46参照

4 黒の羊毛を少量とり、ニードルで鼻〜口のラインを入れる。⇒p.47参照

5 ●47の糸を6cm×20〜30本用意し、はん点をつけたい箇所に1〜2本ずつ、中央部分をニードルで刺しつけて余分をカットする。斑点を大きくしたい場合はさらに糸を足して刺しつけるⓐ。

6 黒の羊毛で耳を作る。⇒p.50参照
つけ根部分の片側を内側に折りたたんでから本体の耳のつけ位置に差し込み、ニードルで刺しつけて固定する。⇒p.51参照

7 全体のバランスを見て、仕上げのカットをしたら完成。

ラブラドール・レトリーバー

 イエロー

 ブラック

→p.31

●サイズ(概寸)
…縦63mm×横80mm×厚み68mm
●ポンポンメーカー…65mm

●サイズ(概寸)
…縦63mm×横80mm×厚み68mm
●ポンポンメーカー…65mm

材料

本体	: iroiro(●2)(●3)(●4)(●48)(●49)
耳	: 羊毛(薄ベージュ)…少量 布用スタンプインク(ビスケット)
黒目	: クリスタルアイ (クリスタルブラウン・6mm)…2個
白目	: 羊毛(白)…少量
アイライン	: 羊毛(焦茶)…少量
鼻	: 羊毛(焦茶)…少量
鼻〜口のライン	: 羊毛(黒)…少量

本体	: iroiro(●47)
耳	: 羊毛(黒)…少量
黒目	: クリスタルアイ (クリスタルブラウン・6mm)…2個
白目	: 羊毛(白)…少量
鼻	: 羊毛(黒)…少量
鼻〜口のライン : 羊毛(黒)…少量	

巻き図

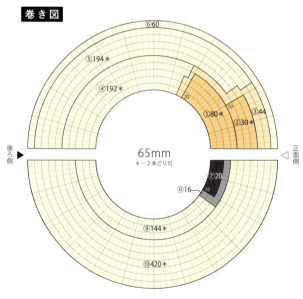

巻き終わり

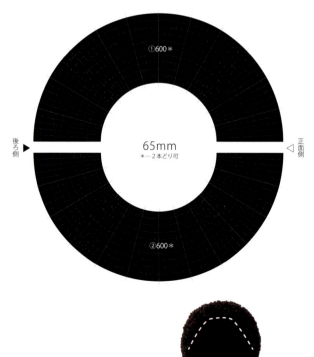
巻き終わり

カットの目安／耳のつけ位置	耳 型紙
	＊巻末参照

正面

右　上

左　下

正面

右　上

左　下

作り方

1. 65mmのポンポンメーカーにイエローは①〜⑩、ブラックは①〜⑫の順に糸を巻いてぽんぽんを作る。⇒p.38-39、p.42-43参照

2. 巻き終わりの写真の点線部分（マズル）の糸を、ニードルで矢印の方向に刺してまとめるⓐ。⇒p.44参照

ⓐ 正面　　　右

3. カットの目安を参考に、2でまとめたマズルのまわりやあご下の糸をカット、さらに色々な角度から見ながらカットして、顔の凹凸を作っていく。マズルをさらにニードルで刺し固め、カットして形を整える。⇒p.45参照

4. 目をボンドで接着する。指定の羊毛で鼻を作り、ニードルで本体に刺しとめる。⇒p.46参照

5. 白の羊毛を少量とり、ニードルで白目を入れるⓑ。イエローは、焦茶の羊毛でアイラインを入れる。⇒p.53参照

ⓑ

6. 黒の羊毛を少量とり、ニードルで鼻〜口のラインを入れる。⇒p.47参照

7. 指定の羊毛で耳を作る。⇒p.50参照
イエローは、耳の外側先端付近に布用スタンプインクで色づけをし、ティッシュやいらない布であて布をしてアイロンをかける。つけ根部分の片側を内側に折りたたんでから本体の耳のつけ位置に差し込み、ニードルで刺しつけて固定する。⇒p.51参照

8. 全体のバランスを見て、仕上げのカットをしたら完成。

ゴールデン・レトリーバー

→p.32

●サイズ（概寸）
…縦70mm×横80mm×厚み68mm
●ポンポンメーカー…65mm

材料

本体	: iroiro（○2）（●4）（●48）（●49）
耳の土台	: iroiro（●4）
耳の内側	: 羊毛（白）…少量
耳毛	: iroiro（●4）…8cm×20本
目	: さし目（黒・6mm）…2個
アイライン	: 羊毛（焦茶）…少量
鼻	: 羊毛（黒）…少量
鼻～口のライン	: 羊毛（黒）…少量

※舌：羊毛（カメオローズ）…少量

巻き図

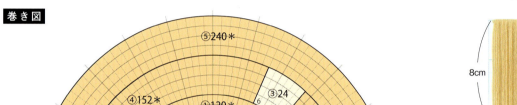

65mm
＊…2本どり可

①120＊ ②64＊ ③24 ④152＊ ⑤240＊ ⑥20 ⑦16 ⑧450＊ ⑨114＊

後ろ側　正面側

耳　厚紙　縦8cm×横7cm
＊型紙は巻末参照

巻き終わり

| カットの目安／耳のつけ位置

作り方

1. 65mmのポンポンメーカーに①〜⑨の順に糸を巻いてぽんぽんを作る。⇒p.38-39、p.42-43参照

2. p.91の2-3と同様。

3. 目をボンドで接着する。黒の羊毛で鼻を作り、ニードルで本体に刺しとめる。⇒p.46参照

4. 指定の羊毛を少量とり、ニードルでアイラインと鼻〜口のラインを入れる。⇒p.47参照

5. 耳を作る。●4の糸を、指定のサイズの厚紙に50回ゆるめに巻き、下から2cm部分を残し、全体の幅が約5cmになるまでニードルで刺しつなげてカットして、耳の土台を作る。白の羊毛を少量とり、ニードルで刺して薄いシート状にしてからカットし、土台の内側に刺しとめる。つけ根部分の片側を内側に折りたたんでから本体の耳のつけ位置に差し込み、ニードルで刺しつけて固定する。⇒p.48-50、p.69-7参照

6. 耳毛をつける。●4の糸を8cm×20本用意し、それぞれの耳の前側の付け根に1つずつ、中央部分をニードルで刺しつけてカットする ⓐ1-3。

7. 全体のバランスを見て、仕上げのカットをしたら完成。

  ＊舌をつける場合は、指定の羊毛をニードルで刺し固め、口部分に刺しつけて固定する。

セント・バーナード

→p.32

●サイズ(概寸)
…縦65mm×横80mm×厚み68mm
●ポンポンメーカー…65mm

材料

本体	: iroiro (○1) (●7) (●11) (●48) (●49)
耳	: 羊毛(焦茶)
黒目	: クリスタルアイ(ブラウン・6mm)…2個
白目	: 羊毛(白)…少量
アイライン	: 羊毛(黒)…少量
鼻	: 羊毛(黒)…少量
鼻〜口のライン	: 羊毛(黒)…少量

巻き図

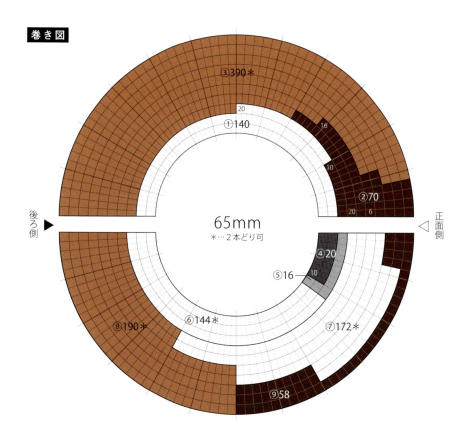

耳　型紙　*巻末参照

巻き終わり

| カットの目安／耳のつけ位置

正面　　右　　上　　左　　下

作り方

1. 65mmのポンポンメーカーに①〜⑨の順に糸を巻いてぽんぽんを作る。⇒p.38-39、p.42-43参照

2. 巻き終わりの写真の点線部分（マズル）の糸を、ニードルで矢印の方向に刺してまとめるⓐ。⇒p.44参照

3. カットの目安を参考に、2でまとめたマズルのまわりや顎下の糸をカット、さらに色々な角度から見ながらカットして、顔の凹凸を作っていく。マズルをさらにニードルで刺し固め、カットして形を整える。⇒p.45参照

4. 目をボンドで接着する。黒の羊毛で鼻を作り、ニードルで本体に刺しとめる。⇒p.46参照

5. 白の羊毛を少量とり、ニードルで白目を入れる。⇒p.91参照

6. 黒の羊毛を少量とり、ニードルでアイラインと鼻〜口のラインを入れる。⇒p.47参照

7. 焦茶の羊毛で耳を作る。⇒p.50参照
つけ根部分の片側を内側に折りたたんでから本体の耳のつけ位置に差し込み、ニードルで刺しつけて固定する。⇒p.51参照

8. 全体のバランスを見て、仕上げのカットをしたら完成。

ⓐ 正面

右

trikotri／黒田翼

1981年静岡県生まれ。東京藝術大学絵画科卒業。こどもの頃から絵を描くことや、ものづくりに親しむ。手芸店にて在勤中、ワークショップの講師や店頭の見本作りを担当し、当時作っていたぽんぽんの作品から着想を得て、2014年に「森の動物たちのぽんぽんブローチ」を制作。『第1回ハンドメイド大賞(produced by 藤久株式会社×minne)』にて、大賞およびアクセサリー部門賞受賞。毛糸や羊毛の素材に魅了され、アクセサリーや小物を制作している。著書に『動物ぽんぽん』(小社刊)がある。
https://www.instagram.com/trikotri222/
http://trikotri.com/

撮影	福井裕子
デザイン・装丁	葉田いづみ、小川恵子
編集進行	古池日香留
撮影協力	AWABEES 〒151-0051　渋谷区千駄ヶ谷 3-50-11 明星ビルディング 5F TEL.03-5786-1600 UTUWA 〒151-0051　渋谷区千駄ヶ谷 3-50-11 明星ビルディング 1F TEL.03-6447-0070
材料協力(糸)	横田株式会社・DARUMA 〒541-0058　大阪市中央区南久宝寺町2-5-14 TEL.06-6251-2183（代） http://www.daruma-ito.co.jp
協力	クロバー株式会社 〒537-0025　大阪市東成区中道3-15-5 TEL.06-6978-2211（代） http://www.clover.co.jp ハマナカ株式会社 〒616-8585　京都市右京区花園藪ノ下町2-3 TEL.075-463-5151（代） http://www.hamanaka.co.jp 株式会社ツキネコ 〒101-0021　千代田区外神田 5-1-5 末広JFビル 5F TEL.03-3834-1080（代） http://www.tsukineko.co.jp

毛糸を巻いてつくる　表情ゆたかな動物

犬ぽんぽん　NDC 594

2017年3月19日　　発　行
2017年4月 3日　　第3刷

著　者	trikotri（トリコトリ）
発行者	小川雄一
発行所	株式会社 誠文堂新光社 〒113-0033　東京都文京区本郷3-3-11 ［編集］電話03-5805-7285 ［販売］電話03-5800-5780 http://www.seibundo-shinkosha.net/
印刷・製本	大日本印刷 株式会社

© 2017, trikotri. Printed in Japan　検印省略
禁・無断転載

万一落丁・乱丁の場合はお取替えいたします。本書掲載記事の無断転用を禁じます。また、本書に掲載された記事の著作権は著者に帰属します。これらを無断で使用し、ワークショップ、講演会、バザーなどでの販売、および商品化などを行うことを禁じます。

JCOPY〈(社)出版者著作権管理機構 委託出版物〉
本書を無断で複製複写(コピー)することは、著作権法上での例外を除き、禁じられています。本書をコピーされる場合は、そのつど事前に、(社)出版者著作権管理機構(電話 03-3513-6969／FAX 03-3513-6979／e-mail:info@jcopy.or.jp)の許諾を得てください。

ISBN978-4-416-51735-2

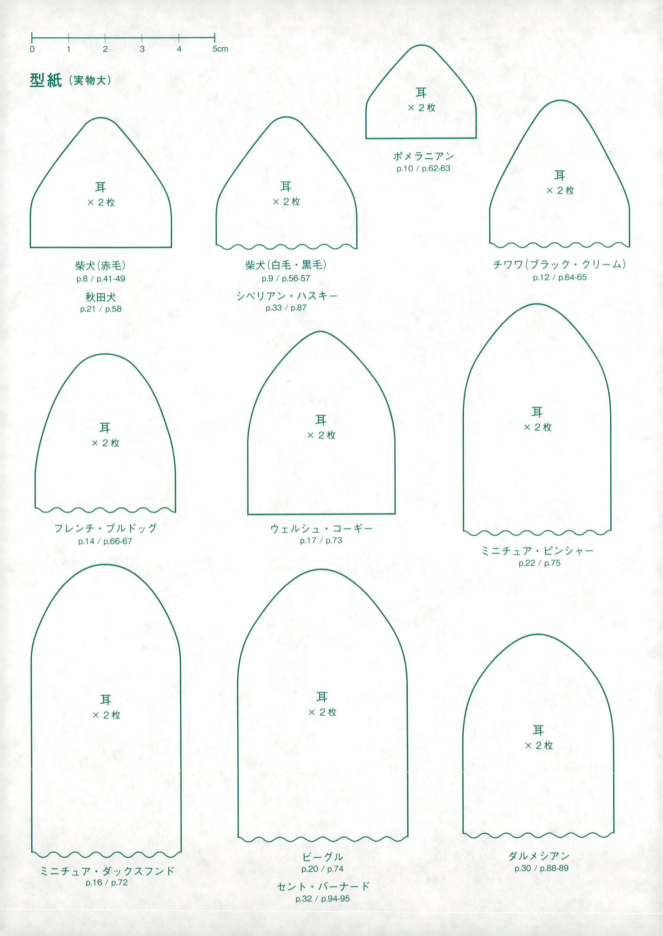

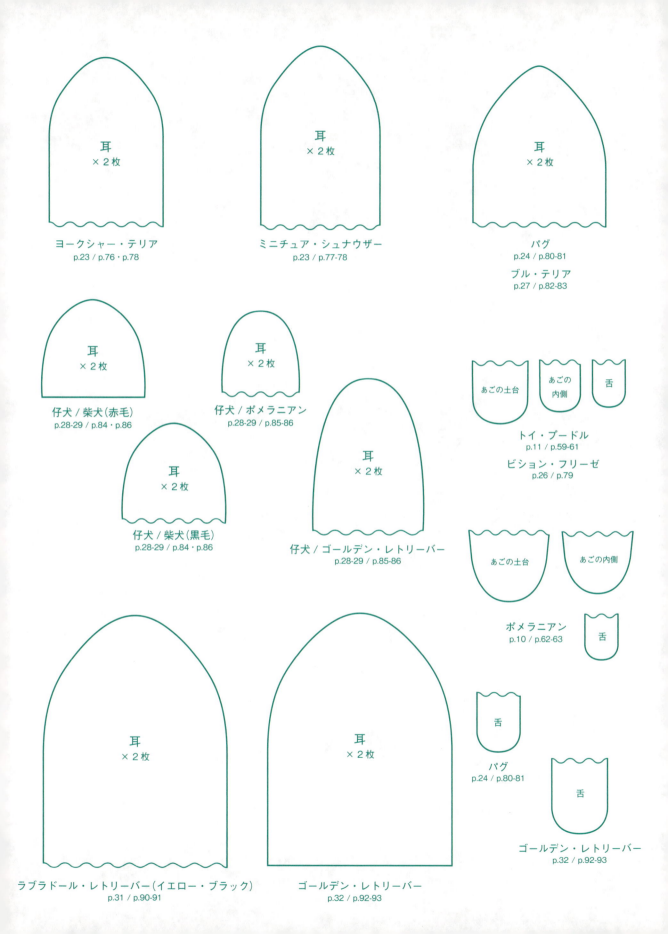